T0123420

Psychologie für Studium und Beruf

Ulf Lubienetzki
Heidrun Schüler-Lubienetzki

Lass uns mitein-
ander sprechen

Psychologie der erfolgreichen Gesprächsführung

 Springer

Ulf Lubienetzki
entwicklung GbR
Hamburg, Deutschland

Heidrun Schüler-Lubienetzki
entwicklung GbR
Hamburg, Deutschland

Teile des Werkes sind vorab publiziert worden in: Lubienetzki, U. & Schüler-Lubienetzki, H. (2016). LASS UNS MITEINANDER SPRECHEN. GESPRÄCHSFÜHRUNG. Studienbrief der Hochschule Fresenius online plus GmbH. Idstein: Hochschule Fresenius online plus GmbH. Mit freundlicher Genehmigung von © Hochschule Fresenius online plus GmbH 2016.

ISSN 2662-4826   ISSN 2662-4834 (electronic)
Psychologie für Studium und Beruf
ISBN 978-3-662-61828-8   ISBN 978-3-662-61829-5 (eBook)
https://doi.org/10.1007/978-3-662-61829-5

Die Deutsche Nationalbibliothek verzeichnet diese Publikation in der Deutschen Nationalbibliografie; detaillierte bibliografische Daten sind im Internet über http://dnb.d-nb.de abrufbar.

Springer ist ein Imprint der eingetragenen Gesellschaft Springer-Verlag GmbH, DE und ist ein Teil von Springer Nature.
Die Anschrift der Gesellschaft ist: Heidelberger Platz 3, 14197 Berlin, Germany

Ihr Bonus als Käufer dieses Buches

Als Käufer dieses Buches können Sie kostenlos unsere Flashcard-App „SN Flashcards" mit Fragen zur Wissensüberprüfung und zum Lernen von Buchinhalten nutzen. Für die Nutzung folgen Sie bitte den folgenden Anweisungen:

1. Gehen Sie auf **https://flashcards.springernature.com/login**
2. Erstellen Sie ein Benutzerkonto, indem Sie Ihre Mailadresse angeben, ein Passwort vergeben und den Coupon-Code einfügen.

Ihr persönlicher „SN Flashcards"-App Code   978BB-04BE7-C990B-29DD0-36B96

Sollte der Code fehlen oder nicht funktionieren, senden Sie uns bitte eine E-Mail mit dem Betreff **„SN Flashcards"** und dem Buchtitel an **customerservice@ springernature.com.**

Vorwort

Seit mehr als zwei Jahrzehnten beschäftigen wir uns beruflich mit menschlicher Kommunikation. Ob als Coaches, Trainer, Berater oder auch als Führungskräfte, immer geht es um den Austausch von Sachinformationen, um die Vermittlung von persönlichen Wahrnehmungen und Empfindungen, um die Bewertung von etwas oder sogar von jemanden oder auch darum, gemeinsam mit einem oder mehreren Menschen etwas zu erreichen. Im Laufe der Zeit haben wir viele eigene Erfahrungen zur Kommunikation gesammelt und unser Wissen gezielt weiterentwickelt. Ein wichtiger Bestandteil unserer Arbeit ist die Weitergabe unserer Erfahrungen und unseres Wissens an andere Menschen. Dieses geschieht in unserem Beruf meistens in Form von Seminaren und Trainings. Der große Vorteil von Seminaren und Trainings, sei es in der Präsenz- oder Online-Variante, ist, dass es möglich ist, gezielt auf die individuellen Fragen und Bedürfnisse der Teilnehmerinnen und Teilnehmer einzugehen. So bildet in unseren Veranstaltungen die Arbeit an mitgebrachten Fallbeispielen sowie das Entwickeln und Ausprobieren von Lösungen immer die wichtigste Komponente. Zwangsläufig sind die Möglichkeiten, Menschen mit Seminaren zu Themen der Kommunikation zu erreichen, begrenzt. Die Zusammenarbeit mit verschiedenen Hochschulen sowie mit dem Springer Verlag bietet uns die Möglichkeit, deutlich mehr Menschen zu erreichen. Uns war und ist dabei bewusst, dass es bei Publikationen in der Natur der Sache liegt, nicht unmittelbar auf individuelle Fragen und Beispiele der Leserinnen und Leser eingehen zu können. Wir haben es daher als unsere wesentliche Aufgabe angesehen, das von uns zusammengestellte Wissen zu unterschiedlichen Themen der Kommunikation so anschaulich und nah an dem, was in Seminaren und Trainings möglich ist, zu vermitteln. Drei wesentliche Elemente prägen dazu unsere Lehrbücher:

- Ein ansprechender und angenehm zu lesender Schreibstil. – Lehrbücher vermitteln Wissen. Dieses Wissen so in Worte zu fassen, dass es den Leserinnen und Lesern Freude macht, war unser erstes Ziel.
- Anschaulich entwickelte Fallbeispiele. –Der Kern des zu vermittelnden Wissens ist im Lehrbuch auf den Punkt zu bringen. Unsere Fallbeispiele, die häufig auch zum Schmunzeln oder sogar Lachen anregen, lenken den Fokus, indem sie abstraktes Wissen in alltäglichen Situationen in nachvollziehbares Handeln übersetzen.
- Unmittelbare Reflexion des Gelernten. – Kommunikation ist etwas Alltägliches. Damit ist Kommunikation grundsätzlich jederzeit für jeden zugänglich. Wir regen die Leserinnen und Leser im Verlauf der Lektüre unserer Lehrbücher gezielt an, das gerade Gelesene in ihrer eigenen Umwelt zu erfahren und zu erproben.

Ergänzend zu diesem Lehrbuch finden Sie zur Wissensüberprüfung Fragen und Antworten sowie Lernkarten zu den wichtigsten Begriffen in der Springer-Nature-Flashcards-App, die in den bekannten Appstores für die Betriebssysteme iOS und Android heruntergeladen werden kann.

Wir wünschen Ihnen eine interessante und gewinnbringende Lektüre.

Ulf Lubienetzki
Hamburg, Deutschland

Heidrun Schüler-Lubienetzki
Hamburg, Deutschland

Mai 2020

Inhaltsverzeichnis

Über die Autoren

Ulf Lubienetzki

arbeitet seit mehreren Jahren als Berater, Business Coach und Trainer mit Fach- und Führungskräften unterschiedlicher Branchen zusammen. Zusätzlich verfügt er über mehr als 20 Jahre Erfahrung als Führungskraft bis zur Ebene der Geschäftsleitung in verschiedenen nationalen und internationalen Managementberatungsfirmen. Ulf Lubienetzki ist Diplom-Ingenieur und studierte Sozialpädagogik sowie Soziologie. In den von ihm verfassten Ratgebern sowie Fach- und Lehrbüchern bringt er anschaulich seine vielfältigen praktischen Erfahrungen aus der Arbeit mit seinen Kundinnen und Kunden ein.

Heidrun Schüler-Lubienetzki

ist seit mehr als zwei Jahrzehnten als Business Coach, Führungskräftetrainerin, Unternehmensberaterin und Moderatorin tätig. Heidrun Schüler-Lubienetzki ist Diplom-Psychologin mit dem Schwerpunkt Personal- und Organisationsentwicklung sowie Gesprächstherapeutin. In mehr als zwei Jahrzehnten arbeitete sie bereits mit mehreren tausend Fach- und Führungskräften bis auf Vorstandsebene zusammen. Als Autorin von Ratgebern sowie Fach- und Lehrbüchern gibt sie ihr Wissen und ihre Erfahrungen weiter.

Beide Autoren führen gemeinsam die Firma entwicklung GbR in ihrem Coachinghaus in Hamburg-Rahlstedt. entwicklung GbR steht für

- Coaching von Fach- und Führungskräften,
- Individual- und Teamtraining sowie
- Beratung bei Veränderungsprozessen in Organisationen.

Gemeinsam mit ihren Klienten arbeitet entwicklung GbR daran, die persönliche Leistungsfähigkeit von Fach- und Führungskräften zu erhalten und zu steigern, leistungsbereite und leistungsfähige Teams zu entwickeln, Ressourcenverschwendung durch dysfunktionale Konflikte zu reduzieren sowie Veränderungen kompetent zu beraten und zielführend zu begleiten.

Haben Sie Fragen oder benötigen Sie Informationen zu einem persönlichen Coaching, zu Seminaren oder Trainings, so finden Sie unter ▶ http://www.entwicklung-hamburg.de ein breites Informationsangebot.

Für Fragen, Rückmeldungen oder Anregungen stehen wir Ihnen gerne per E-Mail zur Verfügung: ▶ info@entwicklung-hamburg.de.

Einführung

Die Ausführungen in diesem Kapitel basieren auf folgendem Studienbrief: Lubienetzki, U. & Schüler-Lubienetzki, H. (2016). LASS UNS MITEINANDER SPRECHEN. GESPRÄCHSFÜHRUNG. Studienbrief der Hochschule Fresenius online plus GmbH. Idstein: Hochschule Fresenius online plus GmbH.

1

Wenn Menschen sich begegnen, dann kommunizieren sie. Wir können vieles versuchen, jedoch werden wir es niemals schaffen, die Kommunikation mit einem anderen Menschen zu vermeiden. Fügen wir uns also in das Unvermeidliche und denken darüber nach, wie wir Kommunikation nutzbringend und zielgerichtet gestalten können …

Kommunikation soll unser eigenes und das Leben anderer Menschen bereichern und uns helfen, gemeinsam unsere Ziele zu erreichen. Das gilt in allen Bereichen. Im Rahmen dieses Buches konzentrieren wir uns vorrangig auf Kommunikation im beruflichen Kontext. Die Prinzipien von Kommunikation gelten natürlich auch in anderen Lebenslagen. Bitte scheuen Sie sich nicht, diese ebenso im privaten Miteinander im Auge zu behalten.

Auch in Zeiten von WhatsApp, Facebook und anderen Diensten ist das persönliche Gespräch immer noch die wichtigste Form der menschlichen Kommunikation. Darum werden wir uns in diesem Buch der Gesprächsführung widmen und uns mit der persönlichen Haltung sowie dem daraus resultierenden Verhalten beschäftigen. Dabei werden wir feststellen, dass zu einem Gespräch mehr gehört als das gesprochene Wort. Der ganze Mensch spricht mit anderen Menschen – nicht nur mit Worten, sondern auch mit seinem Körper. Diese Erkenntnis hat so weitreichende Folgen, dass bei fehlender Stimmigkeit von gesprochenem Wort und gezeigtem Verhalten das gesprochene Wort in seiner Bedeutung verzerrt oder sogar gänzlich unverständlich wird.

Verständlichkeit ist die Grundvoraussetzung für das Gelingen eines Gespräches. Daneben gibt es jedoch noch weitere Elemente, die zum Erfolg eines Gespräches beitragen. In diesem Zusammenhang sehen wir uns an, wie wir Kontakt zu unserer Gesprächspartnerin/unserem Gesprächspartner aufbauen und halten. Wir werden erfahren, dass wir selbst viel dazu beitragen können, dass andere Menschen Lust und Interesse haben, mit uns zu sprechen. Schließlich betrachten wir auch Situationen an, in denen ein Gespräch nicht rund läuft und welche Möglichkeiten wir haben, solche Situationen positiv zu beeinflussen.

Wir möchten an dieser Stelle unsere besondere Freude mit Ihnen teilen, dass Sie sich mit Themen der Kommunikation und Präsentation befassen. Unsere Freude resultiert daraus, dass wir absolut sicher sind, dass die Inhalte dieses Buches zur Gesprächsführung – unabhängig von Ihren weiteren beruflichen und privaten Zielen – für Sie bereichernd sein werden. Das Bewusstsein, wie Kommunikation und Gespräche funktionieren, eröffnet Ihnen in jeder Lebenslage die Möglichkeit, das Geschehen zu beobachten und aus Ihren Beobachtungen Schlüsse zu ziehen. Und nicht nur das – Sie können bewusst in das Geschehen eingreifen und damit Ihr eigenes sowie das Erleben anderer Menschen aktiv gestalten.

Es könnte bereits am Sonntagmorgen beim Bäcker losgehen. Sie könnten teilnahmslos und mit sich selbst beschäftigt vier Brötchen bestellen, und der Bäcker reicht Ihnen das Gewünschte mit einem professionellen Lächeln zurück. Ziel erreicht, nicht mehr und nicht weniger. Mit Ihrem Wissen über Kommunikation könnten Sie auch etwas anderes ausprobieren: Sie könnten am nächsten Sonntag den Bäcker bewusst anschauen und freundlich anlächeln und ihm dabei etwas Freundliches sagen. Dann bitten Sie ihn um die vier Brötchen. Der Bäcker wird wahrscheinlich freundlich zurücklächeln, Ihnen die Brötchen reichen und Ihnen

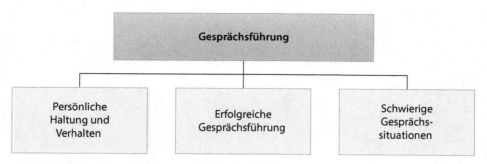

□ Abb. 1.1 Das Buch im Überblick

ein schönes Frühstück oder etwas anderes Freundliches wünschen. Auch in diesem Fall haben Sie Ihr Ziel erreicht und die vier Brötchen erhalten. Zusätzlich haben Sie aber dem Bäcker ein gutes Gefühl gegeben und nicht nur das: auch Sie gehen nicht nur mit den vier Brötchen, sondern ebenfalls mit einem guten Gefühl nach Hause. Mit einfachen Mitteln haben Sie gleichzeitig auf der Sachebene Brötchen gekauft und auf der Beziehungsebene bei zwei Menschen ein gutes Gefühl erzeugt.

Eine recht einfache und alltägliche Situation wurde mit einfachen Mitteln gestaltet. In diesem Buch erhalten Sie die Gelegenheit, für viele andere Situationen Ihr kommunikatives Handwerkszeug zu schärfen und auszubauen. Die □ Abb. 1.1 zeigt Ihnen den Aufbau dieses Buches noch einmal im Überblick.

Drei zentrale Aspekte der Gesprächsführung werden wir in diesem Buch thematisieren: den Einfluss Ihrer Haltung und Ihres Verhaltens im Gespräch auf die Gesprächsführung (▶ Kap. 2), Aspekte und Techniken erfolgreicher Gesprächsführungen (▶ Kap. 3) und schließlich den Umgang mit Schwierigkeiten und Widerständen in Gesprächssituationen (▶ Kap. 4).

Persönliche Haltung und Verhalten im Gespräch

Wie wir in den Wald hineinrufen, so schallt es heraus

Inhaltsverzeichnis

Die Ausführungen in diesem Kapitel basieren auf folgendem Studienbrief: Lubienetzki,
U. & Schüler-Lubienetzki, H. (2016). LASS UNS MITEINANDER SPRECHEN. GESPRÄCHS-
FÜHRUNG. Studienbrief der Hochschule Fresenius online plus GmbH. Idstein: Hoch-
schule Fresenius online plus GmbH.

Erinnern Sie sich an ein richtig gutes Gespräch? Wie war das? Unsere Vermutung ist, dass zunächst einmal das Thema für Sie interessant war und dass Sie das Gespräch persönlich weitergebracht hat. Aber das war noch nicht alles. Haben Sie sich nicht persönlich sehr wohl gefühlt, irgendwie genau richtig und wertgeschätzt? Und haben Sie nicht dieses Gefühl, diese persönliche Haltung, auch Ihrer Gesprächspartnerin oder Ihrem Gesprächspartner entgegengebracht, so dass diese/dieser sich ebenfalls wohl und wertgeschätzt gefühlt hat? Wie schön wäre es, wenn jedes Gespräch so wäre. Lassen Sie uns in diesem Kapitel den aus unserer Sicht wichtigsten Baustein eines guten Gesprächs näher betrachten: die persönliche Haltung der Gesprächspartner/-innen.

🖝 **Nach eingehender Lektüre dieses Kapitels können Sie ...**

— das **erweiterte Kommunikationsmodell** nach Watzlawick et al. sowie das zwischenmenschliche Kreislaufschema wiedergeben und ihre Bedeutung für die persönliche Haltung von Gesprächspartner/-innen herausstellen.
— die **Beziehung** zwischen zwei kommunizierenden Parteien auf ihre Symmetrie bzw. Komplementarität hin beurteilen.
— menschliche **Lebensanschauungen** und **Persönlichkeiten** nach dem Riemann-Thomann-Modell einordnen sowie ihren Einfluss auf Kommunikation erklären.
— verschiedene **Modalitäten** von Kommunikation differenzieren.
— die Wichtigkeit von **Kongruenz** im Gespräch erläutern.

2.1 Grundlagen zur persönlichen Haltung

Wir unterstellen, dass ein **Gespräch** zielgerichtet ist. Unsere Lebenserfahrung sagt uns, dass es durchaus auch andere Gesprächsanlässe geben kann, aber in diesem Buch soll es ausschließlich um Gespräche gehen, die ein konkretes Ziel verfolgen. Unser Ziel kann beispielsweise darin bestehen, dass wir mit unserer Gesprächspartnerin/unserem Gesprächspartner gemeinsam ein Problem lösen oder dass wir etwas erfahren möchten, das uns persönlich weiterbringt. Die Gesprächsanlässe sind unendlich. Unsere durchgängige Fragestellung sollte sein: Was führt in Gesprächen zum Ziel bzw. was führt im Gespräch zum Erfolg?

Beginnen wir mit den bereits im Buch „Was wir uns wie sagen und zeigen" (Lubienetzki und Schüler-Lubienetzki 2020) behandelten *fünf Axiomen menschlicher Kommunikation* von Watzlawick et al. (Watzlawick et al. 1967/2011). Diese besagen, dass ...

1. wir nicht nicht kommunizieren können,
2. wir auf einer Inhalts- und Beziehungsebene kommunizieren,
3. wir kreisförmig kommunizieren,
4. wir in unterschiedlichen Modalitäten (Sprache, Verhalten) kommunizieren,
5. unsere Kommunikation von unserer Beziehungsdefinition (symmetrisch oder komplementär) abhängt.

Zu einem Gespräch gehören immer mindestens zwei Menschen: „Kommunikation ist ein Wechselwirkungsgeschäft mit mindestens zwei Beteiligten." (Schulz von

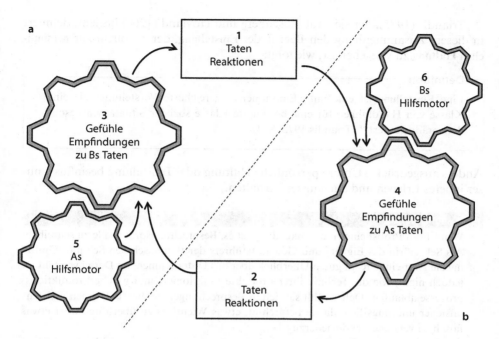

Abb. 2.1 Zwischenmenschliches Kreislaufschema („Teufelskreis"). Die Abbildung zeigt einen Kreislauf der Kommunikation zwischen zwei Personen A und B. Äußerungen einer Gesprächspartnerin/eines Gesprächspartners (Taten/Reaktionen) aktivieren Gefühle und Empfindungen bei der Gesprächspartnerin/bei dem anderen Gesprächspartner, die/der wiederum mit Taten und Reaktionen antwortet und damit ihrer-/seinerseits Gefühle und Empfindungen bei Person A auslöst. (Quelle: eigene Darstellung in Anlehnung an Thomann und Schulz von Thun 2005, S. 327)

Thun 2013, S. 92). Diese kommunizieren digital über Sprache und analog über ihr Verhalten. Die Sprache überträgt die Inhalte und das Verhalten übermittelt insbesondere Botschaften zur Beziehung untereinander. Dabei beeinflussen sich die Gesprächsteilnehmenden gegenseitig in ihren Reaktionen. Mit anderen Worten: Unser eigenes Verhalten ist mindestens genauso bedeutend für den Erfolg des Gespräches wie das Verhalten unserer Gesprächspartnerin oder unseres Gesprächspartners. Dabei ist die Sicht auf die Beziehung zwischen den Gesprächspartnern von besonderer Bedeutung (Watzlawick et al. 1967/2011; Schulz von Thun 2013).

Da unser Verhalten solch eine Bedeutung für den Gesprächsverlauf besitzt, wollen wir uns näher anschauen, wovon unser Verhalten abhängt. Dabei kann uns das zwischenmenschliche *Kreislaufschema* nach Thomann und Schulz von Thun (2005) weiterhelfen (siehe ◻ Abb. 2.1, s. auch Lubienetzki und Schüler-Lubienetzki 2020).

In dem Schema wird zwischen äußerlichem und innerem Erleben unterschieden. Das **äußerliche Erleben** ist für uns nichts anderes als das wahrgenommene Verhalten (Taten, Reaktionen) unserer Gesprächspartnerin/unseres Gesprächspartners. Das **innere Erleben** ist das, was wir emotional erfahren und worüber wir bewusst nachdenken. Es beeinflusst einerseits, wie wir das Verhalten unseres Gegenübers wahrnehmen und andererseits, wie wir selbst uns verhalten (Thomann und Schulz von Thun 2005).

Triandis (1975), der sich auf Rosenberg und Hovland (1960) bezieht, definiert in diesem Zusammenhang den Begriff der **Einstellung**, der synonym zur **persönlichen Haltung** zu verstehen ist, wie folgt:

> **Definition**
>
> Eine **Einstellung** ist eine mit „Emotionen angereicherte Vorstellung, die eine Klasse von Handlungen für eine bestimmte Klasse sozialer Situationen besonders prädisponiert." (Triandis 1975, S. 4)

Anders ausgedrückt: Unsere persönliche Haltung oder Einstellung beeinflusst unser inneres Erleben und auch unser Verhalten.

> ▶ **Fallbeispiel**
>
> Wenn Frau Probst eines nicht mag, dann ist es, Besprechungsprotokolle zu schreiben. Als Sekretärin des Eigners und Geschäftsführers der Baumaschinen Schmidt GmbH hat sie zwar einen recht guten Überblick über das Unternehmen, im Detail versteht sie jedoch nicht, wie die Technik ihrer Produkte funktioniert und welche Produktionsprozesse ablaufen. Daher fühlt sie sich in Besprechungen zu diesen Themen meistens unsicher und ängstlich, da sie befürchtet, etwas Wichtiges zu überhören oder etwas falsch zu verstehen und wiederzugeben.
>
> Geschäftsführer Ralf Schmidt hat heute Morgen gute Laune und kommt freudestrahlend ins Büro. Er begrüßt Frau Probst freundlich und erinnert sie an die Besprechung zu einem neuen Produkt um 10 Uhr, bei der er sie benötigt, um das Protokoll zu führen. Frau Probst lächelt gequält und wünscht ihm ebenfalls einen guten Morgen. Ralf Schmidt geht in sein Büro. Dabei fühlt er sich irritiert und nicht mehr so gut gelaunt wie wenige Minuten zuvor. ◀

Übertragen wir die Definition zur persönlichen Haltung auf eine Gesprächssituation. An dem Gespräch sind mindestens zwei Menschen, die in einer Beziehung zu einander stehen, beteiligt. In dem Gespräch geht es um einen Sachinhalt, also um ein Gesprächsthema. Die persönliche Haltung bezieht sich entsprechend der Definition von Triandis auf die soziale Situation. In dem Beispiel führten das Gesprächsthema und die hierüber bei Frau Probst ausgelöste Angst dazu, dass das Verhalten von Frau Probst selbst und im Anschluss die Gefühle von Herrn Schmidt beeinflusst wurden. Herr Schmidt konnte offensichtlich nicht unterscheiden, worauf sich das von Frau Probst gezeigte Verhalten bezog.

❓ Reflexionsaufgabe: Ihr(e) beste(r) Freund(in) aus Kindheitstagen und Ihre persönliche Haltung

Lassen Sie uns das gerade Erfahrene vertiefen und einen Selbstversuch starten. Denken Sie bitte an Ihre Kindheit zurück und dort an Ihre damalige beste Freundin oder besten Freund. Erinnern Sie sich bitte an die schöne gemeinsame Zeit damals, an die aufregenden Abenteuer, die Sie zusammen erlebt haben. Erinnern Sie sich bitte auch an das warme und wohlige Gefühl des Beisammenseins. Rufen Sie sich bitte möglichst viel ins Gedächtnis zurück. – Haben Sie das Bild und das Gefühl ins Hier und Jetzt geholt? Wenn ja, dann kann es weitergehen. Stellen Sie sich nun bitte vor, Sie werden demnächst in einem Projekt oder einer Arbeitsgruppe arbeiten. Sie lesen die Liste Teammitglieder und trauen Ihren Augen nicht, Ihre damalige beste Freundin oder bester Freund steht ebenfalls auf der Liste. Welches Gefühl haben Sie? Wie ist Ihre Einstellung zu der bevorstehenden Arbeit in dem Projekt oder der Arbeitsgruppe?

Um den Bezug zum vorhergehenden Beispiel von Frau Probst und Herrn Schmidt herzustellen, beantworten Sie bitte folgende Fragen:
1. Was erwarten Sie für Ihre Zusammenarbeit?
2. Wie wird Ihr Verhalten sein und wie werden Sie miteinander kommunizieren?

Probieren Sie diese Übung gerne auch mit einem anderen Gefühl aus. Was ändert sich, wenn Sie an den schlimmsten Klassen-Bully Ihrer Schulzeit zurückdenken und nun überraschend mit diesem zusammenarbeiten sollen?

In der Reflexionsaufgabe sind Sie tatsächlich der Person aus Ihrer Vergangenheit wiederbegegnet, die in Ihnen damals die beschriebenen Gefühle ausgelöst hat. Ihre heutige persönliche Haltung zu einer Person kann auch durch eine **Übertragung** beeinflusst werden.

Definition

Übertragung (nachfolgend abgekürzt: Ü.) ist nach Teuber (2016): „ein zentraler Begriff der psychoanalytischen Theorie und Praxis. In der Ü. werden intensive unbewusste Gefühle, Wünsche, Sinnesempfindungen oder Verhaltensmuster aus wichtigen vergangenen Beziehungen […] in gegenwärtigen Beziehungen aktualisiert […]."

Mit anderen Worten, Sie begegnen einem Menschen, den Sie nicht kennen, von dem Sie nichts wissen und mit dem Sie bisher weder gute noch schlechte Erfahrungen gemacht haben und dennoch entwickeln Sie durch Übertragung spontan eine persönliche Haltung diesem Menschen gegenüber. Ist diese beispielsweise negativ, da die Person Sie an einen unangenehmen Menschen aus der Vergangenheit erinnert, kann es passieren, dass Ihr Verhalten entsprechend negativ beeinflusst wird und damit der Beziehungsaufbau zu der Ihnen eigentlich unbekannten Person erschwert wird.

Im nächsten Abschnitt sehen wir uns den Zusammenhang zwischen persönlicher Haltung und Verhalten genauer an.

2.2 Persönliche Haltung – weitere Annäherungen

Ihre persönliche Haltung im Gespräch beeinflusst also Ihr Verhalten, Ihr Verhalten beeinflusst Ihre Gesprächspartnerin/Ihren Gesprächspartner und insgesamt wird damit der Gesprächsverlauf selbst beeinflusst. Wenden wir eines der im Buch „Was wir uns wie sagen und zeigen" (Lubienetzki und Schüler-Lubienetzki 2020) beschriebenen Kommunikationsmodelle hierauf an. Aus unserer Sicht ist das **erweiterte Kommunikationsmodell** in Anlehnung an Watzlawick et al. (1967/2011) zielführend anwendbar (siehe ◻ Abb. 2.2).

2

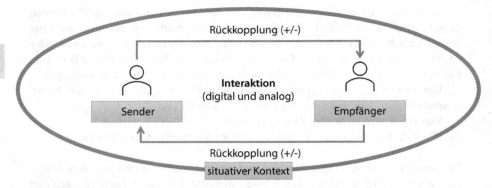

▣ Abb. 2.2 Erweitertes Kommunikationsmodell, angelehnt an die Axiome nach Watzlawick. Das erweiterte Kommunikationsmodell, angelehnt an Watzlawick et al., basiert auf den von ihnen formulierten fünf Axiomen. Die Rückkopplung verdeutlicht, wie sehr das eigene Verhalten, das von der persönlichen Haltung beeinflusst wird, auf den Gesprächspartner wirkt. (Quelle: eigene Darstellung in Anlehnung an Watzlawick et al. 1967/2011)

Zwei Gesprächspartner stehen in Beziehung zueinander und interagieren. Der eine Gesprächspartner (Sender) äußert sich zum Gesprächsthema und verhält sich, woraufhin der andere Gesprächspartner (Empfänger) sich dazu äußert und seinerseits verhält. Das Gespräch selbst findet in einer Umwelt oder in einem Kontext (z. B. im Büro, auf der Straße etc.) statt.

Das Gesprächsthema, zu dem wir eine bestimmte persönliche Haltung haben, haben wir bereits kennengelernt. Frau Probst fühlte sich unsicher und ängstlich im Zusammenhang mit Besprechungsprotokollen. Ihre persönliche Haltung hat dann dazu geführt, dass sie sich entsprechend ihrer persönlichen Haltung verhalten hat. Herr Schmidt wurde von ihrem, aus seiner Sicht unerwarteten, Verhalten irritiert. Immer dann, wenn ein Gesprächsthema unsere Gefühle berührt, wird sich dieses auch in unserem Verhalten äußern. Da unserer Gesprächspartnerin/unser Gesprächspartner ohne entsprechendes Hintergrundwissen nicht unterscheiden kann, worauf sich unsere Emotion und unser Verhalten beziehen, kann es hilfreich sein, ihr/ihm unsere Haltung und damit unser Verhalten zu erklären. Wir vermeiden dadurch, dass unsere Gesprächspartnerin/unser Gesprächspartner unser Verhalten auf sich oder unsere Beziehung zueinander bezieht.

Ähnliches gilt auch für die Gesprächsumgebung. Auch diese kann unsere Haltung bestimmen. Beobachten Sie doch einmal Menschen, die sich in der U-Bahn unterhalten. Häufig können Sie zwei Verhaltensweisen wahrnehmen. Ein Gesprächspartner hat die deutlich höheren Redeanteile, spricht recht lautstark und scheint seine Umwelt vergessen zu haben. Der andere verhält sich eher zurückhaltend, spricht leiser und in kurzen Sätzen. Welche persönlichen Haltungen haben die beiden wohl bezogen auf die öffentliche Umgebung in der Bahn? Auch in dieser Situation könnte der eine Gesprächspartner das zurückhaltende Verhalten des anderen auf sich beziehen. Eine kurze Erläuterung, dass dieser Privates ungern in der Öffentlichkeit bespricht, könnte dabei helfen, die Situation zu klären.

Wie sieht das Ganze aus, wenn für unser Verhalten die persönliche Haltung zu uns selbst, zu unserer Gesprächspartnerin/unserem Gesprächspartner oder unserer Beziehung zueinander ausschlaggebend ist? In diesem Fall können wir oft nicht ein auflösendes Statement bringen. Wir können aber uns selbst die Zusammenhänge verdeutlichen, um über diese Erkenntnis an unserer persönlichen Haltung zu arbeiten. Denken Sie in diesem Zusammenhang bitte auch an die im vorherigen Abschnitt genannte Übertragung.

Anhand des fünften Axioms von Watzlawick et al. (1967/2011), der Lebensanschauungen des Menschen nach Harris (1994) sowie einer zusätzlichen Sichtweise, die sich auf die Persönlichkeit des Menschen bezieht, werden wir uns im Folgenden der persönlichen Haltung im menschlichen und zwischenmenschlichen Bereich weiter nähern.

2.2.1 Auf Gleichheit (Symmetrie) oder Ungleichheit (Komplementarität) beruhende Beziehungsdefinition

Nach Watzlawick et al. und auch Schulz von Thun drückt unser Verhalten etwas über die Beziehung zu unserer Gesprächspartnerin/unserem Gesprächspartner aus. Je nachdem, wie wir unsere Beziehung definieren, werden wir uns folglich unterschiedlich verhalten. Eine grundlegende Dimension der Beziehungsdefinition und damit unserer persönlichen Haltung ist die Beziehung zwischen den Gesprächspartnern, die auf Gleichheit (Symmetrie) oder Ungleichheit (Komplementarität) beruhen kann (Watzlawick et al. 1967/2011; Schulz von Thun 2013). Anders ausgedrückt: Definieren wir eine Beziehung als **symmetrisch**, kommunizieren wir „auf Augenhöhe". Definieren wir sie als **komplementär**, kommunizieren wir entweder von „oben nach unten" oder von „unten nach oben". Komplementäre Beziehungen können beispielsweise Eltern-Kind-Beziehungen, eine Beziehung zwischen Lehrenden und Studierenden oder bei Star Wars die Beziehung zwischen Jedi-Ritter und Padawan sein.

> **Wichtig**
> Bei den Beispielen zu komplementären Beziehungen handelt es sich um Möglichkeiten, die nach unserer Erfahrung immer wieder vorkommen. Selbstverständlich können die genannten Beziehungen auch von den Partnern symmetrisch definiert werden (im Fall der Beziehung Jedi-Ritter – Padawan sind wir uns diesbezüglich nicht absolut sicher). Wichtig ist jedoch, dass es um die tief verankerte persönliche Haltung geht. Eine Beziehung wird nicht allein dadurch symmetrisch, dass beispielsweise eine Professorin oder ein Professor ihren/seinen Studierenden das Du anbietet und postuliert „Wir sind jetzt alle gleich!", aber gleichzeitig wie selbstverständlich die Leitung einer gemeinsamen Arbeitsgruppe übernimmt.

Auch im professionellen Kontext werden die Beziehungen untereinander definiert. Bereits die beruflichen Rollen der Gesprächspartner/-innen sind mit Erwartungen versehen. Wir haben oft erlebt, dass Kommunikation in beruflichen Kontexten sehr erfolgreich ist, solange die Erwartungen jedes Einzelnen an die jeweilige beruf-

2

liche Rolle erfüllt wurden. Weichen die Rollenerwartungen voneinander ab, stockt auch die Kommunikation. Gerade zwischen Führungskräften und Mitarbeitenden kann dieses ein bestimmendes Thema werden. Sind die gegenseitigen Erwartungen nicht geklärt, prallen unterschiedliche persönliche Haltungen aufeinander, die eine erfolgreiche Kommunikation behindern oder sogar unmöglich machen. Sehen wir uns hierzu ein Beispiel bei der Firma Baumaschinen Schmidt GmbH an:

> ► **Fallbeispiel**

Franz Meier definiert seine Beziehung zu den Auszubildenden als komplementär. Übersetzt in seine persönliche Haltung heißt dies, dass er sich den Auszubildenden gegenüber überlegen fühlt. Er hat die Vorstellung, dass Auszubildende sich respektvoll und zurückhaltend ihm gegenüber verhalten sollten. Dabei verhält er sich den Auszubildenden gegenüber betont direktiv und distanziert.

Sein Verhalten führt dazu, dass die Auszubildenden ihm sehr vorsichtig begegnen. Sie überlegen es sich mehrmals, ob sie ihn ansprechen. In seiner Gegenwart ist ihnen meistens mulmig zumute.

Nur ein Auszubildender verhält sich anders. Seine persönliche Haltung lautet, dass alle Menschen gleichberechtigt sind. Er legt Wert darauf, auf Augenhöhe zu sprechen. Er fühlt sich Herrn Meier gegenüber gleichberechtigt und tritt entsprechend selbstbewusst auf. Zwischen Franz Meier und diesem Auszubildenden kommt es deshalb regelmäßig zum Streit. ◄

2.2.2 Lebensanschauungen des Menschen („Ich bin o.k., Du bist o.k.")

Unsere **Lebensanschauungen** haben ebenfalls einen großen Einfluss darauf, wie wir uns selbst sehen und anderen Menschen begegnen. Unsere persönliche Haltung bezieht sich darauf, ob bzw. inwieweit wir uns selbst akzeptieren und anderen wertschätzend gegenübertreten. Dabei geht es um den Menschen selbst. Schätze ich mich selbst als Person wert, kann ich angstfrei und selbstbewusst mit anderen Menschen in Kontakt treten. Schätze ich zusätzlich mein Gegenüber wert, signalisiere ich dieser Person durch mein Verhalten, dass ich sie oder ihn uneingeschränkt akzeptiere. Auf dieser Basis ist eine sachbezogene Kommunikation sehr erfolgreich. Selbst kontroverse Themen können sachlich und ohne persönliche Anfeindungen geklärt oder einfach im Raum stehengelassen werden (Harris 1994).

Anders sieht es aus, wenn ein Gesprächspartner sich selbst und/oder dem anderen nicht wertschätzend begegnet. Eine Abwertung, die sich im Verhalten ausdrückt, in eine oder in beide Richtungen, führt zwangsläufig dazu, dass es nicht mehr um die Sache, sondern um die Person(en) geht. So ist ein Konflikt sehr wahrscheinlich, wenn zwei Menschen, die sich selbst wertschätzen, aber den anderen nicht, aufeinander treffen. Unreflektiert und ohne Intervention von außen, kann eine solche Begegnung erfahrungsgemäß rasch eskalieren.

Ralf Schmidt legt großen Wert auf den wertschätzenden Umgang mit anderen Menschen. Neulich traf er sich mit Andrea Starck, der Geschäftsführerin eines Kundenunternehmens. Vom ersten Moment an fühlte Ralf Schmidt sich unwohl. „Was ist das nur?" fragte er sich. Sich freundlich und wertschätzend zu verhalten, wie er es gewohnt ist, fiel ihm im Gesprächsverlauf immer schwerer. Schließlich war er froh, als das Gespräch vorbei war. Ihm war am Ende sogar gleichgültig, ob sein Produkt gekauft wurde oder nicht. Er wollte nur weg. Was war geschehen?

Schauen wir uns einmal an, wie die Geschäftsführerin des Kundenunternehmens agierte. Persönliche Macht ist Andrea Starck sehr wichtig. Sie ist die Chefin – das möchte sie spüren und andere spüren lassen. Dieser Herr Schmidt kam ihr gerade recht. „Wieder so einer, der mir sein Produkt aufschwätzen will", dachte sie. So bot sie beiläufig Herrn Schmidt einen Platz an und hörte sich mit betont gelangweilter Miene dessen Produktpräsentation an. Am Ende sagte sie in arrogantem Tonfall und mit einem kalten Lächeln: „Das hört sich ja alles nicht schlecht an. Aber von solchen Produkten höre ich jeden Tag und das zu deutlich günstigeren Konditionen. Haben Sie nicht mehr anzubieten?". Die folgende Erwiderung von Ralf Schmidt zur Qualität des Produktes unterbrach sie harsch: „Das ist typisch für so kleine Unternehmen wie Ihres. Auf jeden Auftrag sind Sie angewiesen und versuchen mich, mit weitschweifenden Statements zum Kaufen zu überreden." Ralf Schmidt beendete nach diesem Satz von Andrea Starck das Gespräch freundlich und ging. ◀

Ralf Schmidt schätzt sich und andere offensichtlich wert. Würde er sich selbst nicht wertschätzen, hätte das Gespräch auch in das im Buch „Was wir uns wie sagen und zeigen" (Lubienetzki und Schüler-Lubienetzki 2020) näher beschriebene **„Dramadreieck"** (Gührs und Nowak 2014, S. 119) führen können. In diesem Fall trifft ein Mensch, der sich selbst wertschätzt und andere abwertet, auf einen Menschen, der sich selbst nicht wertschätzt. Es trifft also eine abwertende Haltung gegenüber anderen auf eine abwertende Haltung gegenüber sich selbst. Hieraus resultiert das von beiden Erwartete, was stabilisierend wirkt. Allerdings dreht sich das Drama um die beteiligten Personen und nicht um die Sache, so dass ein Erfolg in einem sachbezogenen Thema nicht zu erwarten ist.

❓ Reflexionsaufgabe: Dramadreieck bei Familie Meier

Das folgende Beispiel haben wir bereits im Buch „Was wir uns wie sagen und zeigen" (Lubienetzki und Schüler-Lubienetzki 2020) behandelt. Schauen Sie sich die Frühstücksszene im Hause Meier bitte an und beantworten Sie folgende Frage:

Herrn Meiers grundlegende Haltung zu zwischenmenschlichen Beziehungen hatten wir bereits im Zusammenspiel mit den Auszubildenden kennengelernt. Wie beschreiben Sie die Haltungen der weiteren Beteiligten anhand des Gesprächsverlaufs?

Nun zu der Szene:

Herr Meier: „Dein Zimmer sieht wieder aus wie ein Saustall. Nie räumst Du auf!"

Kevin zuckt zusammen.

Herr Meier: „Ich sage es jetzt zum letzten Mal. Räum auf!"

Frau Meier: „Hast Du Dir Deinen Hobbykeller schon einmal näher betrachtet? Dort kann man auch keinen Fuß mehr vor den anderen setzen."

Herr Meier guckt verdutzt und schweigt.

Kevin: „Lass nur, Papa hat doch recht."

Etwas später sagt Frau Meier zu Kevin: „Das war das letzte Mal, dass ich Dir helfe. Immer fällst Du mir in den Rücken."

Ob Kevin diese erneute Einladung ins Dramadreieck annimmt, bleibt ein Geheimnis. Interessant ist das Zusammenspiel der drei beteiligten Personen: Herr Meier lädt zunächst als Verfolger ins Dramadreieck ein. Kevin schluckt den Köder und begibt sich in die Opferrolle. Frau Meier kommt als Retterin ihrem Sohn zu Hilfe. Kevin verlässt die Opferrolle und wird selbst zum Retter. Schließlich wirft Frau Meier als Verfolgerin ihren Köder aus. Schluckt Kevin diesen Köder, nimmt das Drama wieder seinen Lauf …

2.2.3 Persönlichkeit des Menschen nach dem Riemann-Thomann-Modell

Die persönliche Haltung eines Menschen hängt auch eng mit seiner Persönlichkeit zusammen.

Definition

Persönlichkeit (abgekürzt: P.) ist nach Asendorpf (2016) „die Gesamtheit aller überdauernden individuellen Besonderheiten im Erleben und Verhalten eines Menschen (der P.eigenschaften, syn. P.merkmale [engl. traits])."

Das **Riemann-Thomann-Modell** spannt zur Beschreibung der Persönlichkeit ein Koordinatensystem der Grundbestrebungen des Menschen auf. Dabei stehen Nähe und Distanz (Raum) sowie Dauer und Wechsel (Zeit) in einem Spannungsverhältnis zueinander (Thomann und Schulz von Thun 2005) (siehe ◨ Abb. 2.3).

Nähe und Distanz sind in diesem Zusammenhang sowohl körperlich als auch emotional zu verstehen. So möchte ein „Nähe-Mensch" sowohl real als auch bildlich andere Menschen umarmen und selbst umarmt werden. Ein „Distanz-Mensch" möchte sich abgrenzen und andere Menschen körperlich und emotional auf Abstand halten. Ein „Dauer-Mensch" strebt dadurch nach Sicherheit, dass seine Umgebung und auch er selbst verlässlich und in Ordnung sind. „Wechsel-Menschen" streben nach dem Neuen und Überraschenden, nach Freiheit und Abenteuer. Das Koordinatensystem stellt in der Horizontalen auf die zeitliche Dimension und in der Vertikalen auf die räumliche Dimension ab. Bewegen wir uns auf den Achsen, so entstehen immer extremere Phänomene (Thomann und Schulz von Thun 2005) (siehe ◨ Abb. 2.4).

❯ **Wichtig**

Zwischen den Grundstrebungen in der Horizontalen und Vertikalen bestehen Spannungsverhältnisse. Wir haben solche Spannungsverhältnisse bereits im Buch „Was wir uns wie sagen und zeigen" (Lubienetzki und Schüler-Lubienetzki 2020) im Zusammenhang mit dem Werte- und Entwicklungsquadrat (Schulz von Thun 2008) behandelt. Je weiter nach außen wir die Achsen verfolgen, desto mehr kommen wir in den Bereich der entwertenden Übertreibungen.

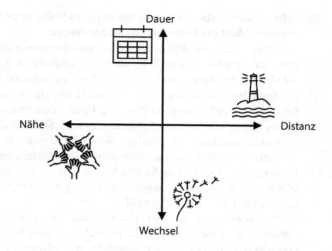

■ Abb. 2.3 Die vier Grundstrebungen des Menschen. Im Riemann-Thomann-Modell zur Beschreibung der menschlichen Persönlichkeit werden die vier Grundbestrebungen nach Nähe und Distanz sowie Dauer und Wechsel in Beziehung zueinander gesetzt. (Quelle: eigene Darstellung in Anlehnung an Thomann und Schulz von Thun 2005, S. 177)

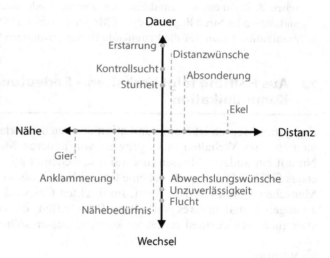

■ Abb. 2.4 Ausprägungen der Grundbestrebungen. Einige Beispiele zu Persönlichkeitsausprägungen entlang der Achsen des Riemann-Thomann-Modells. Jede Kombination entlang der horizontalen und vertikalen Achsen ist dabei prinzipiell möglich. (Quelle: eigene Darstellung in Anlehnung an Thomann und Schulz von Thun 2005, S. 178)

Jede Persönlichkeit kann in diesem Koordinatensystem eingeordnet werden. Je nach Kombination der x-Koordinate (Nähe–Distanz) und der y-Koordinate (Dauer–Wechsel) entsteht eine andere persönliche Haltung zu einem Gesprächspartner. Stellen Sie sich vor, ein eher distanzierter Mensch, der ein planvolles Vorgehen bevorzugt, trifft auf einen eher chaotischen Menschen mit einem ausgeprägten Bedürfnis nach Nähe. Voraussichtlich wird ein großer Anteil des Gesprächsverlaufs dadurch bestimmt, wie der eine Partner auf Distanz geht und der andere diesem folgt, um körperliche und emotionale Nähe zu erreichen. Darüber hinaus wird voraussichtlich in einer längeren Gesprächspassage die grundsätzliche Frage geklärt werden müssen, inwieweit verbindliche Termine und ein planvolles Vorgehen notwendig sind oder nicht.

2

❓ Reflexionsaufgabe: Reflexion der eigenen Haltung und Einordnung der Persönlichkeit ins Riemann-Thomann-Modell

Sie haben in den vorhergehenden Abschnitten erfahren, dass, kurzgesagt, Verhalten aus Haltung folgt. Weiterhin haben Sie verschiedene Möglichkeiten kennengelernt, um über die persönliche Haltung eines Menschen nachzudenken und diese zu charakterisieren. Wenden Sie das Gelernte bitte auf Ihre eigene Kommunikation an. Denken Sie an ein Gespräch in letzter Zeit, dass Ihnen besonders in Erinnerung geblieben ist. Dieses könnte ein besonders angenehmes und zielführendes Gespräch gewesen sein oder eines, das gründlich schief gegangen ist und vielleicht sogar im Streit endete.

Nutzen Sie bitte jede der genannten Möglichkeiten und beschreiben Ihre eigene Haltung in dem Gespräch. Welche Variante ist für Sie am besten nachzuvollziehen? Wie wurde Ihr Verhalten durch Ihre Haltung beeinflusst und wie wirkte sich dieses eventuell auf Ihr Gegenüber aus?

Nun schauen Sie sich bitte das Riemann-Thomann-Modell an. Wie würden Sie grundsätzlich Ihre Grundstrebungen anhand dieses Modells beschreiben und was bedeutet das für Ihr eigenes Wohlgefühl. Wie würden Sie Ihnen nahestehende Menschen, z. B. ein enger Freund/eine enge Freundin oder auch eine Person, mit der Sie andauernd im Streit liegen, in dieses Modell einordnen? Wie könnten Sie Ihre Kommunikation besser auf die betreffende Person abstimmen?

2.3 Aus Haltung folgt Verhalten – Bedeutung der nonverbalen Kommunikation

Der ganze Mensch ist Kommunikation und nach Watzlawick et al. (1967/2011) ist menschliches Verhalten in Gegenwart von anderen Menschen Kommunikation. Nimmt ein anderer Mensch uns wahr, so bedeutet alles, was wir von uns zeigen, etwas für ihn. Dabei spielt es keine Rolle, ob das, was wir zeigen, etwas mit diesem Menschen zu tun hat oder nicht. Im direkten Gespräch übermitteln wir auf dem analogen Kanal unseres Verhaltens Botschaften, die das Gesagte unterstützen, aber auch ins Gegenteil verkehren können. Dessen sollten wir uns bewusst sein.

❯ Wichtig

In diesem Buch vermitteln wir nicht, wie Sie Ihre nonverbale Kommunikation darauf abstimmen, gezielte Eindrücke bei Ihrer Gesprächspartnerin/Ihrem Gesprächspartner zu erreichen. Stattdessen verweisen wir auf zwei Bücher von Samy Molcho (ein weltbekannter Pantomime, der sich sehr intensiv mit der Körpersprache beschäftigt hat). In seinen Büchern „Körpersprache" (1983) sowie „Körpersprache als Dialog" (1988) geht er in Wort und Bild auf unterschiedliche Wirkungsmittel in Mimik und Gestik ein. Aus unserer Sicht sind in den Büchern zweckmäßige Hinweise enthalten, seine eigene nonverbale Kommunikation zu analysieren und gezielte Veränderungen abzuleiten.

Menschliche Kommunikation besitzt nach Watzlawick et al. (1967/2011) digitale und analoge Modalitäten. Die Sprache – als **digitale Modalität** – ist besonders gut geeignet, um Sachinhalte zu vermitteln, unter der Voraussetzung, dass die Gesprächspartner die gleiche Sprache sprechen und verstehen. Doch auch dann, wenn wir eine fremde Sprache nicht verstehen, können wir dennoch etwas daraus ableiten, wenn wir einem in fremder Sprache sprechenden Menschen zuhören oder zusehen. Das Verhalten – die **analoge Modalität** – übermittelt uns beispielsweise die Gefühlslage einer Person. Natürlich hängt es von unseren eigenen „Antennen" für den Empfang von Emotionen ab, was und wie viel wir empfangen. Dennoch werden wir unterscheiden können, ob ein Mensch sehr wütend und aufgebracht ist oder ob eine Person ruhig und überzeugt über ihr Thema spricht. Was bei völlig fremden Menschen funktioniert, bekommt folglich im persönlichen Gespräch eine noch größere Bedeutung. Drückt doch die analoge Modalität in vielfältiger Art und Weise etwas darüber aus, wie die Beziehung zu unserer Gesprächspartnerin oder unserem Gesprächspartner unsererseits definiert ist (Watzlawick et al. 1967/2011).

Findet unsere im vorherigen Abschnitt betrachtete Haltung in unserem Inneren statt, ist unser Verhalten nach außen gerichtet. Mit anderen Worten: Alles, was wir von uns auf nonverbalem Wege zeigen, wird von anderen wahrgenommen und interpretiert. Passt die Interpretation einer anderen Person nicht zu dem, was sie erwartet, kommt es zu Irritationen und Kommunikationsstörungen (Watzlawick et al. 1967/2011; Schulz von Thun 2013; Berne 1984).

Watzlawick et al. (1967/2011) haben festgestellt, dass der Beziehungsaspekt in der menschlichen Kommunikation vorrangig über die analoge Modalität, also das Verhalten des Menschen, ausgedrückt wird. Kombiniert mit dem zweiten Axiom, das im ersten Teil den Inhalt und die Beziehung in der Kommunikation unterscheidet und im zweiten Teil aussagt, dass der Beziehungsaspekt den Inhaltsaspekt bestimmt, folgt daraus, dass das Verhalten bestimmt, welche Botschaften bei unserer Gesprächspartnerin/unserem Gesprächspartner ankommen.

Im ersten Kapitel ging es um unsere persönliche Haltung, die unsere Gesprächsführung und damit den Gesprächsverlauf beeinflusst. Auch können wir davon ausgehen, dass sich unser bewusstes und unbewusstes Verhalten nennenswert an unserer Haltung ausrichtet. Damit wird unsere Wirkung, die wir bei unserer Gesprächspartnerin/unserem Gesprächspartner erzielen, ebenfalls von unserer Haltung bestimmt. Erfolgreiche Kommunikation hängt nicht nur davon ab, was wir sagen, sondern zu einem überwiegenden Anteil davon, wie wir im Gespräch nonverbal kommunizieren. Dieses Wissen ist auf zweierlei Arten für uns nützlich: Zum einen können wir uns selbst beobachten, wie wir uns fühlen, wie unsere Haltung unserer Gesprächspartnerin/unserem Gesprächspartner gegenüber ist und wie wir uns verhalten. Andererseits können wir auch unsere Gesprächspartnerin/unseren Gesprächspartner beobachten und ihre/seine nonverbale Kommunikation bewusst interpretieren. Die so gewonnenen Informationen können wir nutzen, um das Gespräch zielführend zu beeinflussen.

> **Wichtig**
> Das Wissen über nonverbale Kommunikation kann sowohl wertschätzend als auch abwertend, d. h. mit manipulativer Intention, eingesetzt werden. Unser Verständnis ist, dass diejenigen Gespräche am erfolgreichsten sind, in denen sich beide Gesprächspartner frei von gegenseitiger Manipulation entfalten können. Schulz von Thun spricht in diesem Zusammenhang von einer „übersummativen Gleichung"

2

(Schulz von Thun 2013, S. 97) in der Kommunikation. Wir vertreten ebenfalls diese Auffassung, dass in der erfolgreichen Kommunikation zweier Menschen mehr herauskommt als die bloße Summe dessen, was die einzelnen Personen in die Kommunikation eingebracht haben. Aus unserer Sicht geht dieser Mehrwert jedoch verloren, wenn die Gesprächsteilnehmenden in manipulativer Absicht miteinander umgehen.

Das Stichwort hierzu lautet *Kongruenz in der Gesprächsführung*. Im Buch „Was wir uns wie sagen und zeigen" hatten wir uns unter der Überschrift „Kongruente und inkongruente Kommunikation" bereits mit diesem Begriff auseinandergesetzt (Lubienetzki und Schüler-Lubienetzki 2020). Nach Schulz von Thun wird eine kongruente Nachricht als in sich stimmig empfunden. Alle verbalen und nonverbalen Signale deuten in diesem Fall in eine Richtung (Schulz von Thun 2013).

> ▶ **Fallbeispiel**
>
> Monika Bach sagt von sich selbst, dass sie keine gute Lügnerin sei. Ihre Arbeitskollegen und -kolleginnen bei Baumaschinen Schmidt können das bestätigen. Sie ist eben sehr emotional und kann ihre Emotionen nicht gut verbergen. In Kundengesprächen ist es jedoch manchmal erforderlich, auch dann einen Termin zuzusagen, wenn dieser sehr wahrscheinlich nicht zu halten sein wird. Bei Monika Bach geht dies häufig schief. Sie ist sich bei solchen Zusagen bewusst, dass sie etwas verschweigt und hat das Gefühl, etwas Verbotenes zu tun, was sie verunsichert. Ihre Terminzusage wird in diesen Momenten von ihrem unsicheren Verhalten überlagert.
>
> Einige Kunden beachten ihr Verhalten nicht oder übergehen es. Sie wurde aber schon danach gefragt, ob sie tatsächlich an ihre Zusage glaube oder was denn ein realistischer Termin sei. Einige Kunden haben ihr unsicheres und zurückhaltendes Verhalten sogar als persönliche Ablehnung interpretiert und wurden ihrerseits zurückhaltender. ◀

Unsere Gesprächspartnerin bzw. unser Gesprächspartner empfängt also Signale von uns und hat die Aufgabe, diese zu interpretieren und in Botschaften zu übersetzen. Im Sinne einer erfolgreichen Kommunikation sollten wir ihr oder ihm diese Aufgabe möglichst einfach machen. Das ist oft einfacher gesagt als getan. Schulz von Thun spricht in diesem Zusammenhang beim Sender von „zwei Seelen in seiner Brust" und von einem „inneren Kuddelmuddel" (Schulz von Thun 2013, S. 43). Der Sender fühlt sich zwischen mehreren Botschaften hin- und hergerissen und der Empfänger bzw. die Empfängerin steht nun vor dem Dilemma: Er bzw. sie muss sich entscheiden, auf welche Botschaft er/sie reagiert.

Für eine erfolgreiche Kommunikation bedeutet dies, dass inkongruente Signale möglichst vermieden werden sollten.

Das menschliche Verhalten hat bewusste und unbewusste Anteile. Den unbewussten Anteilen können wir uns über Feedback und Selbsterfahrung nähern (Gührs und Nowak 2014). Im Buch „Was wir uns wie sagen und zeigen" haben wir uns im Zusammenhang mit dem Johari-Fenster mit diesem Aspekt der menschlichen Kommunikation beschäftigt (Lubienetzki und Schüler-Lubienetzki 2020).

❓ Reflexionsaufgabe: Inkongruente Kommunikation im Alltag

Nonverbale Ausdrücke in der Kommunikation sind nicht unbedingt eindeutig. Häufig erschließt sich erst im verbalen Kontext, ob die hochgezogenen Augenbrauen überrascht, fragend oder gar abwertend gemeint sind. Auch ein Lächeln kann unterschiedlich gemeint sein und unterschiedlich aufgefasst werden. Finden Sie bitte weitere Beispiele dafür, dass ähnliche nonverbale Ausdrücke unterschiedliche Bedeutungen haben bzw. unterschiedlich gedeutet werden können. Machen Sie sich anschließend für Ihr eigenes Verhalten in Gesprächen bewusst, wie Ihre Mimik und Gestik aufgefasst werden könnte.

Zusammenfassung in Schlagworten

- Ein **Gespräch** findet zielgerichtet und anlassbezogen zwischen mindestens zwei Parteien statt.
- Das **zwischenmenschliche Kreislaufschema** verdeutlicht Aspekte des erweiterten Kommunikationsmodells nach Watzlawick et al. im Hinblick auf die persönliche Haltung der kommunizierenden Parteien.
  - Im Kreislaufschema wird zwischen *äußerlichem* und *innerlichem* Erleben differenziert.
- Die **persönliche Haltung** eines Menschen äußert sich im Gespräch durch sein Verhalten. Sie kann anhand verschiedener Gesichtspunkte analysiert werden Zu diesen Punkten zählen unter anderem seine sich im Gespräch äußernde, auf (Un-)Gleichheit beruhende Beziehungsdefinition, seine Lebensanschauung oder seine Persönlichkeit, welche sich im **Riemann-Thomann-Modell** einordnen lässt.
- **Kommunikation** erfolgt über die *digitale* und *analoge* Modalität, wobei vor allem letztere die Beziehung der Kommunizierenden prägt.
- Erweisen sich die Modalitäten bei einer Person im Gespräch als **inkongruent**, d. h. widersprüchlich, ist die Kommunikation gestört. Für eine gelingende Kommunikation ist es daher sinnvoll, Wert auf kongruente Nachrichten zu legen.

Literatur

Asendorpf, J. (2016). Persönlichkeit. In M. A. Wirtz (Hrsg.), *DORSCH – Lexikon der Psychologie*. Bern: Hans Huber. https://portal.hogrefe.com/dorsch/persoenlichkeit. Zugegriffen am 30.01.2020.

Gührs, M., & Nowak, C. (2014). *Das konstruktive Gespräch. Ein Leitfaden für Beratung, Unterricht und Mitarbeiterführung mit Konzepten der Transaktionsanalyse* (7. Aufl.). Meezen: Christa Limmer.

Harris, T. H. (1994). *Ich bin o. k., Du bist o. k.* Reinbek: Rowohlt.

Lubienetzki, U., & Schüler-Lubienetzki, H. (2016). *Lass uns miteinander sprechen. Gesprächsführung* (Studienbrief der Hochschule Fresenius online plus GmbH). Idstein: Hochschule Fresenius online plus GmbH.

Lubienetzki, U., & Schüler-Lubienetzki, H. (2020). *Was wir uns wie sagen und zeigen. Psychologie der menschlichen Kommunikation*. Heidelberg: Springer.

Rosenberg, M. J., & Hovland, C. I. (1960). Cognitive, affective and behavioral components of attitudes. In M. J. Rosenberg & C. I. Hovland (Hrsg.), *Attitude organization and change: An analysis of consistency among attitude components*. New Haven: Yale University Press.

Schulz von Thun, F. (2008). *Miteinander Reden 2 – Stile, Werte und Persönlichkeitsentwicklung* (32. Aufl.). Reinbek: Rowohlt.

2

Schulz von Thun, F. (2013). *Miteinander Reden 1 – Störungen und Klärungen* (50. Aufl.). Reinbek: Rowohlt.

Teuber, N. (2016). Übertragung. In M. A. Wirtz (Hrsg.), *DORSCH – Lexikon der Psychologie*. Bern: Hans Huber.https://portal.hogrefe.com/dorsch/uebertragung-1/. Zugegriffen am 30.01.2020.

Thomann, C., & Schulz von Thun, F. (2005). *Klärungshilfe 1 – Handbuch für Therapeuten, Gesprächshelfer und Moderatoren in schwierigen Gesprächen* (2. Aufl.). Reinbek: Rowohlt.

Triandis, H. C. (1975). *Einstellungen und Einstellungsänderungen*. Weinheim/Basel: Beltz.

Watzlawick, P., Beavin, J. H., & Jackson, D. D. (1967/2011). *Menschliche Kommunikation – Formen, Störungen, Paradoxien* (12. Aufl.). 2011; Originalausgabe: Pragmatics of Human Communication. New York: Norton, 1967. Bern: Huber.

Erfolgreiche Gesprächsführung

Wie Gespräche gelingen

Inhaltsverzeichnis

Die Ausführungen in diesem Kapitel basieren auf folgendem Studienbrief: Lubienetzki, U. & Schüler-Lubienetzki, H. (2016). LASS UNS MITEINANDER SPRECHEN. GESPRÄCHS-FÜHRUNG. Studienbrief der Hochschule Fresenius online plus GmbH. Idstein: Hochschule Fresenius online plus GmbH.

3

Zeit ist ein wichtiger Faktor in der heutigen Welt. Die Möglichkeiten, die zur Verfügung stehende Zeit zu gestalten, sind nahezu unbegrenzt. Ist es dann nicht erstrebenswert, die Zeit sinnvoll zu nutzen? Sicherlich bedeutet die sinnvolle Nutzung von Zeit für jeden Menschen etwas anderes. Wir möchten uns den Anteil der persönlichen Zeit näher anschauen, in dem wir mit anderen Menschen sprechen. Wir nehmen an, dass ein Gespräch grundsätzlich zielgerichtet ist und können folglich den Erfolg eines Gespräches daran messen, ob bzw. inwieweit das Gesprächsziel erreicht wurde.

Nach eingehender Lektüre dieses Kapitels können Sie …
— die Grundlagen **wertebasierter Gesprächsführung** erläutern und darauf aufbauend die sechs Schritte zum erfolgreichen Gespräch wiedergeben.
— die Wichtigkeit **situationsgerechter Kommunikation** anhand der Stimmigkeit von Situation und Person erklären.
— darlegen, wie man sich durch die Analyse von vier Punkten strukturiert auf **Gesprächssituationen vorbereiten** kann.
— verschiedene **Fragetechniken** und -formen differenzieren.
— das Konzept der gewaltfreien Kommunikation als **gesprächsfördernden Faktor** anwenden.

3.1 Grundlagen

Wir haben bisher über menschliche Kommunikation gesprochen. Watzlawick et al. und auch Schulz von Thun sprechen in diesem Zusammenhang von einer „*Metakommunikation*" (Watzlawick et al. 2011, S. 47; Schulz von Thun 2013, S. 101 ff.). Hierauf werden wir uns beziehen, wenn wir uns die wahrscheinlich wichtigste Form menschlicher Kommunikation (insbesondere im beruflichen Kontext) näher anschauen: das persönliche Gespräch zwischen zwei oder mehr Menschen.

Entsprechend dem Sender-Empfänger-Modell von Shannon und Weaver (Shannon und Weaver 1972; vgl. auch Lubienetzki und Schüler-Lubienetzki 2020) ist die gemeinsame Sprache eine notwendige Bedingung für die Gesprächsführung. Natürlich sind rudimentäre Gespräche „mit Händen und Füßen" möglich; diese möchten wir jedoch in diesem Zusammenhang außer Acht lassen. Auch sollten im Kontext des Gespräches möglichst keine störenden Einflüsse (z. B. Lärm) vorhanden sein, die ablenken oder das gegenseitige Hören und damit Verstehen be- bzw. verhindern. So weit zu den eher „technischen" Voraussetzungen.

Die weiteren Erkenntnisse zur menschlichen Kommunikation (und auch unsere Lebenserfahrung) zeigen, dass diese „technische" Sicht nicht ausreicht, um ein Gespräch zum Erfolg zu führen. Gegenseitiges Verständnis entsteht eben nicht allein dadurch, dass der eine Gesprächspartner etwas sagt und der andere Gesprächspartner das Gesagte hört. Gegenseitiges Verständnis geht deutlich weiter und umfasst alles Intra- und Interpersonelle der Gesprächspartner (vgl. auch Lubienetzki und Schüler-Lubienetzki 2020).

Schauen wir uns Menschen an, deren Beruf bedingt, dass sie erfolgreich kommunizieren müssen, z. B. Führungskräfte und Coaches. Diese Menschen sind darauf angewiesen, dass sie die Menschen, mit denen sie zusammenarbeiten, wirklich verstehen und genauso von anderen verstanden werden. Unter der Überschrift „Wertebasierte Gesprächsführung" hat Christiane Hellwig Wirkprinzipien zusammengefasst, die beispielsweise Führungskräfte oder Coaches befähigen, erfolgreiche Gespräche zu führen (Hellwig 2016).

> **Wichtig**
>
> Wir haben uns gefragt, ob die im Konzept der wertebasierten Gesprächsführung enthaltenen Wirkprinzipien nicht für jegliche Gespräche gelten sollten. Aus unserer Sicht gibt es keinen Grund, der dagegenspricht, so dass wir das Konzept auf beliebige Gesprächssituationen ausweiten.

Der Ansatz der **wertebasierten Gesprächsführung** geht zurück auf die von Carl R. Rogers formulierten Bedingungen des therapeutischen Prozesses (Rogers 2009, S. 46 ff.). Die grundlegende Idee dieses Ansatzes besteht darin, dass Therapeutinnen/Therapeuten ihren Klientinnen/Klienten helfen, sich selbst weiterzuentwickeln. Die Unterstützung der Therapeutinnen/Therapeuten zielt dabei auf die Tendenz oder das Streben des Menschen nach Aktualisierung. Rogers definiert diese **Aktualisierungstendenz** wie folgt:

> **Definition**
>
> Die **Aktualisierungstendenz** beschreibt das Streben eines Menschen nach „Differenzierung seiner Selbst und seiner Funktionen, er beinhaltet Erweiterung im Sinne von Wachstum, die Steigerung der Effektivität durch den Gebrauch von Werkzeugen und die Ausweitung und Verbesserung durch Reproduktion." (Rogers 2009, S. 26)

Im Sinne der wertebasierten Gesprächsführung sind wir vor allem dadurch erfolgreich, dass wir im Hier und Jetzt bei unserer Gesprächspartnerin/unserem Gesprächspartner (und ihren/seinen Bestrebungen) sind und sie/ihn insgesamt wirklich wahrnehmen und verstehen. Die Art und Weise, wie wir sie oder ihn ansprechen und wie sie oder er uns versteht, hängt von unserem Verhalten und damit von unserer persönlichen Haltung ihm gegenüber ab.

Hellwig nennt in diesem Zusammenhang die folgenden „**Wirkprinzipien** wertebasierter Gesprächsführung" (Hellwig 2016, S. 13 ff.), die sie aus den sechs „Bedingungen des therapeutischen Prozesses" ableitet (Rogers 2009, S. 46 ff.):

1. „**Verbindung herstellen: In-Kontakt-Kommen**" – Die Gesprächspartner nehmen bewusst auf der Beziehungsebene Kontakt zueinander auf. Sie nehmen einander dabei bewusst wahr. Ohne Kontakt zueinander bleiben die Gesprächspartner auf Distanz und sind mehr bei sich, als bei dem oder der Anderen.
2. „**Inkongruenz: eigene Unstimmigkeit erspüren**" – Die eigene Haltung sollte kongruent zur Gesprächssituation sein. Unstimmigkeiten wirken sich negativ auf das Verhalten und damit auf das Gespräch aus.
3. „**Kongruenz: Einklang finden**" – „Fühlen, Denken und Handeln" sollen übereinstimmen. Die gesamte Gesprächssituation fühlt sich richtig an.

3

4. **„Wertschätzung: bedingungslos und positiv"** – Die Gesprächspartner schätzen einander als Person wert. Sie sind ehrlich aneinander interessiert.
5. **„Empathie: Einfühlung erfahren"** – Auch emotional wird ein gegenseitiges Verständnis erreicht. Das äußere Verhalten und die innere Gefühlswelt des jeweils anderen soll verstanden werden.
6. **„Erreichen: Resonanz spüren"** – Das Gesprächsklima soll für die Gesprächspartner insgesamt und uneingeschränkt stimmig sein. Sie sind im Hier und Jetzt beim Thema und wirklich beieinander.

In den genannten Wirkprinzipien haben Sie sicherlich einige Grundlagen menschlicher Kommunikation wiedererkannt. In Anlehnung an die von Hellwig formulierten Wirkprinzipien schlagen wir die folgenden sechs grundlegenden Schritte für erfolgreiche Gespräche vor, wobei im Gesprächsverlauf immer wieder eine Rückkopplung zu den vorangehenden Schritten hergestellt werden sollte (siehe ◨ Abb. 3.1).

Schauen wir uns die einzelnen Schritte einmal näher an und beobachten wir anhand eines Beispiels, was alles schiefgehen kann, wenn diese nicht beachtet werden:

1. **Mit dem Gesprächspartner den Kontakt herstellen**
    So banal sich dieser Punkt auch anhört – häufig stellen wir keinen echten Kontakt zu unseren Gesprächspartner/-innen her. Unter Kontakt verstehen wir, dass wir unsere Gesprächspartnerin oder unseren Gesprächspartner insgesamt wahrnehmen. Dabei sind wir bei ihr/ihm und bei der Sache. Können wir aus irgendeinem Grund nicht vollständig bei unserem Gegenüber sein, sollte das Gespräch verschoben werden, bis wir einen echten Kontakt herstellen können. Sollten wir uns den Zeitpunkt des Gespräches nicht aussuchen können, sollten wir aktiv an uns arbeiten, bei dem Gespräch im Hier und Jetzt zu sein. Alles, was nicht zu dem Gespräch gehört, sollte vorher beiseitegelegt werden.

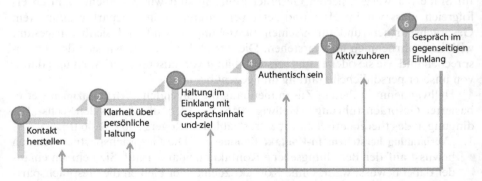

◨ **Abb. 3.1** Sechs grundlegende Schritte zum erfolgreichen Gespräch. Die sechs Schritte zum erfolgreichen Gespräch werden im Gesprächsverlauf immer wieder durchlaufen. Dabei geht es um Fragen wie, „Sind wir noch in Kontakt?", „Bin ich immer noch beim Thema und dem bzw. der Anderen zugewandt?", „Bin ich ich selbst oder spiele ich eine (ungewollte) Rolle?" oder „Möchte ich den Anderen/die Andere wirklich verstehen?". Dabei ist ein wichtiger Indikator für eine Nachjustierung, ob ich mich gerade wohl fühle oder nicht

> ▶ **Fallbeispiel**

Jede Minute konnte Herr Meier kommen. Ralf Schmidt fragte sich, warum das Beurteilungsgespräch ausgerechnet heute stattfinden musste. Heute war wieder einmal die Hölle los. Er hetzte von einem Kundentermin zum nächsten. Und jetzt, um 18 Uhr, auch noch Herr Meier. Aber Ralf Schmidt wollte es hinter sich bringen. Da stand Herr Meier schon in der Tür. Ralf Schmidt begrüßte ihn knapp, war eigentlich noch bei seinen E-Mails. „So ist das halt als Chef.", dachte er. Herr Meier saß ihm zwar gegenüber, aber richtig bei ihm war Ralf Schmidt nicht. ◀

2. **Klarheit über die eigene persönliche Haltung erreichen**
   Unsere persönliche Haltung im Gespräch ist gesprächsbestimmend (siehe ▶ Kap. 2). Also überprüfen wir diese zu Beginn des Gesprächs oder, wenn möglich, bereits vor dem Gespräch. Für ein erfolgreiches Gespräch ist es unbedingt erforderlich, dass unsere Haltung mit dem Gesprächsinhalt und -ziel stimmig ist (Schulz von Thun 2013).

> ▶ **Fallbeispiel**

Ralf Schmidt fand Herrn Meier schon immer schwierig. Aus seiner Sicht behandelte dieser die Auszubildenden geringschätzend. Andererseits leistete er gute Arbeit. Die Auszubildenden hatten gute Noten in den Prüfungen, durchgefallen war noch niemand. Aber dieses miesepetrige Verhalten, das mochte Ralf Schmidt nicht bei Herrn Meier. ◀

3. **Persönliche Haltung in Einklang mit Gesprächsinhalt und -ziel bringen**
   Senden wir inkongruente Signale und damit Botschaften im Gespräch, stört dieses Verhalten die Kommunikation und wirkt irritierend auf unserer Gesprächspartnerin/unseren Gesprächspartner (Schulz von Thun 2013).

> ▶ **Fallbeispiel**

Ralf Schmidt war eigentlich mit den Arbeitsergebnissen zufrieden. Im Gespräch möchte er Herrn Meier gegenüber seine Zufriedenheit ausdrücken. Außerdem möchte er Herrn Meier motivieren, sich wertschätzender gegenüber den Auszubildenden zu verhalten. Innerlich war Ralf Schmidt abgewandt. Er war teilweise bei seinen E-Mails und teilweise suchte er Abstand zu Herrn Meier, vor dem er sich insgeheim sogar etwas fürchtete. Zum Glück war er der Chef. ◀

4. **Sich authentisch („echt") verhalten**
   Authentizität schafft Vertrauen oder andersherum, niemand spricht gerne zu einem Menschen, der eine Maske trägt. Zu bedenken ist in diesem Zusammenhang, dass Authentizität dort Grenzen hat, wo die Situation eine Anpassung erfordert. Wir kommen im Abschnitt zur situationsgerechten Kommunikation darauf zurück. An dieser Stelle möchten wir wiederholen, dass insbesondere echtes wertschätzendes Verhalten grundsätzlich den Gesprächserfolg unterstützt.

3

▶ **Fallbeispiel**

Ralf Schmidt war innerlich hin- und hergerissen. Er wandte sich Herrn Meier zu und lächelte ihn an. Dabei formulierte er umständlich, dass er Herrn Meiers Arbeit mit den Auszubildenden schätzte, dass er sich aber wünschte, Herr Meier wäre freundlicher zu den Auszubildenden. Herr Meier hörte schweigend zu, während sich seine Miene immer weiter verdüsterte. ◀

5. **Aktiv zuhören (und die Gesprächspartnerin/den Gesprächspartner wirklich ganz verstehen)**
   Aktives Zuhören und gleichzeitig alles vermeiden, was bei unserer Gesprächspartnerin/unserem Gesprächspartner zu Kommunikationssperren führt. Im Buch „Was wir uns wie sagen und zeigen" hatten wir die zwölf typischen Verhaltensweisen, die zu Kommunikationssperren führen, bereits kennengelernt (Gordon 1974; Lubienetzki und Schüler-Lubienetzki 2020).

▶ **Fallbeispiel**

Ralf Schmidt wurde von dem Ausbruch Herrn Meiers völlig überrascht. Was ihm denn einfiele, seine gesamte Arbeit infrage zu stellen. Ob er sich schon einmal die Prüfungsergebnisse angeschaut hätte. Und überhaupt, Herr Meier sei sehr gespannt auf die konkreten Vorschläge, wie seine Arbeit verbessert werden könnte. ◀

6. **Im gegenseitigen Einklang das Gespräch führen (mit Rückkopplung)**
   Im gegenseitigen Einklang bedeutet, im Gespräch wirklich zu spüren, ob das Gespräch fließt. Droht dieses Gefühl zu verschwinden, sollten die vorhergehenden Schritte erneut hinterfragt werden: Sind wir noch in Kontakt? Wie ist meine Haltung? Verhalte ich mich stimmig? Bin ich authentisch? Verstehe ich meine Gesprächspartnerin/meinen Gesprächspartner wirklich (und diese/dieser mich)?

▶ **Fallbeispiel**

Ralf Schmidt wusste sich nicht zu helfen. Schließlich war er der Chef und konnte sich so ein Verhalten doch nicht bieten lassen. Eigentlich hatte er Herrn Meier doch loben wollen und jetzt das. Herr Meier hatte scheinbar etwas in den falschen Hals bekommen. Nur was? Und was sollte er tun? So entschied er sich, das Gespräch mit den Worten abzubrechen: „Herr Meier, so lasse ich nicht mit mir reden. Bitte beruhigen Sie sich erst einmal. Wir setzen unser Gespräch morgen fort." Nachdem Herr Meier gegangen war, saß Ralf Schmidt noch lange an seinem Schreibtisch. Wie konnte das Gespräch nur so enden? Und wie sollte es morgen weitergehen? ◀

? **Reflexionsaufgabe: Eine konkrete Anwendung der sechs Schritte zum erfolgreichen Gespräch**

Stellen Sie sich vor, Sie selbst müssten an Stelle von Herrn Schmidt das Gespräch mit Herrn Meier führen. Alternativ können Sie sich auch eine ähnliche eigene Gesprächssituation vorstellen. Wie sähen Ihre sechs Gesprächsschritte konkret aus, um zum gewünschten erfolgreichen Gesprächsverlauf zu gelangen? Formulieren Sie bitte geeignete Maßnahmen und Äußerungen dazu.

Wir haben die grundlegenden Schritte zunächst idealtypisch – mit klarer persön-licher Haltung sowie unabhängig vom Kontext bzw. der Situation, in der das Ge-spräch stattfindet – betrachtet. Im nächsten Abschnitt werden wir sehen, welchen Einfluss der Kontext bzw. die Situation in Verbindung mit der persönlichen Hal-tung besitzt.

3.2 Situationsgerechte Kommunikation

Die persönliche bzw. innere Haltung ist, wie wir in ▶ Kap. 2 gesehen haben, von zentraler Bedeutung für die Gesprächsführung. Hängt doch von ihr ab, wie wir uns verhalten. Im Idealfall ist diese absolut klar und ohne Widerspruch, so dass das, was wir sagen, und wie wir uns verhalten, miteinander übereinstimmen. Wir sollten also versuchen, Klarheit in unsere Haltung und unser Verhalten zu bringen. So viel zur idealen Welt. Die Realität sieht häufig anders aus und fühlt sich anders an. Unsere Haltung zu einer Person oder zu dem, was von dieser an uns herangetragen wird, ist dann nicht eindeutig und klar. Nehmen wir an, diese Person bittet uns um etwas. Schauen wir uns hierzu ein Beispiel an:

> ▶ **Beispiel: Wie soll ich mich verhalten? Verschiedene Stimmen geben ver-schiedene Antworten.**
>
> Ihr Nachbar möchte sich Ihre Bohrmaschine ausleihen. Sie kennen sich nicht gut und Sie haben ihn noch nie um etwas gebeten. Daher sind Sie überrascht, als er abends vor Ihrer Tür steht und Sie um die Bohrmaschine bittet. Wie sollen Sie sich verhalten? Folgendes könnte in Sekundenschnelle in Ihrem Inneren ablaufen: Ein Teil von Ihnen möchte sofort zustimmen, schließlich wissen Sie von Ihren Eltern, dass Nachbarn sich gegenseitig helfen sollten. Ein anderer Teil ist davon nicht überzeugt. Sie würden ja auch nicht auf die Idee kommen, sich bei einem Fremden etwas zu leihen. Ein dritter Teil ist vielleicht noch misstrauischer und fragt sich, ob Sie die Bohrmaschine jemals zurück-bekommen würden. Schließlich gibt es das Sprichwort „Verleihe niemals etwas, das Du nicht auch verschenken würdest." Ein vierter Teil von Ihnen mahnt Höflichkeit an. Es wäre doch unhöflich, die freundlich vorgetragene Bitte abzulehnen.
>
> Das Ganze läuft innerhalb eines Atemzuges in Ihrem Inneren ab. Das Ergebnis könnte sein: Sie lächeln gequält und antworten zögerlich: „Natürlich, äh, gern. Warten Sie bitte kurz, ich hole sie." Oder ein anderes Ergebnis: Sie starren ihm peinlich be-rührt in die Augen. Obwohl Sie eine Bohrmaschine besitzen, sagen Sie unsicher: „Gerne würde ich Ihnen eine Bohrmaschine leihen. Leider besitze ich keine. Versuchen Sie es doch einmal bei Frau Schmidt eine Etage tiefer." In beiden Fällen schaut Ihr Nachbar wahrscheinlich etwas irritiert, bedankt sich und verabschiedet sich. ◄

Haben Sie die Situation wiedererkannt? Wenn ja, seien Sie bitte nicht überrascht – Sie sind nicht der oder die Einzige. Schulz von Thun hat zu dem beschriebenen innerlichen Streitgespräch das Bild vom **„inneren Team"** erschaffen. Vergleichbar mit realen Teammitgliedern nehmen Mitglieder des inneren Teams unterschied-liche Haltungen ein und versuchen, ihre Interessen durchzusetzen. Oft ist es dem

3

Menschen nicht möglich, einen klaren „Sieger" und damit eine klare Haltung zu identifizieren. In unserem Beispiel weisen das Gesagte und das gezeigte Verhalten in unterschiedliche Richtungen. Die Inkongruenz im Inneren, in der persönlichen Haltung, äußert sich in inkongruentem Verhalten nach außen (Schulz von Thun 2008).

Jeder Mensch hat seine eigenen Teammitglieder, die sich mit anderen Menschen und mit der Situation, in der wir ihnen begegnen, auseinandersetzen. Manchmal passt die Konstellation sehr gut, dann fließt das Gespräch. Wir sind klar in Haltung und Verhalten und fühlen uns wohl im Hier und Jetzt. Beste Voraussetzungen also, um ein erfolgreiches Gespräch zu führen. Schulz von Thun bemerkt hierzu: „Unsere innere Mannschaftsaufstellung entspricht im Idealfall dem Spielfeld, auf dem die menschliche Begegnung stattfindet. Im Realfall ist diese Entsprechung mehr oder minder gut" (Schulz von Thun 2008, S. 273).

Unsere Gespräche finden auch dann statt, wenn die Bedingungen nicht ideal sind. In diesen Situationen können wir uns den im vorherigen Abschnitt genannten grundlegenden Schritten erfolgreicher Gesprächsführung nur annähern. Wir können in solchen Situationen nicht vollständig klar und authentisch kommunizieren, sondern müssen unsere Kommunikation an die Situation anpassen.

▶ **Beispiel: Situationsgerechte Kommunikation**

Zur inneren Aufstellung in unserem Beispiel hätte vielleicht auch folgende ärgerliche Aussage gepasst: „Bitte stören Sie mich abends nicht. Ich möchte Ihnen meine Bohrmaschine nicht leihen. Auf Wiedersehen." Zwar wäre diese Antwort vielleicht sehr authentisch gewesen und hätte zu unserer persönlichen Haltung bestens gepasst. Auch hätten wir danach sicherlich bis auf Weiteres unsere Ruhe vor dem Nachbarn. Langfristig hätten wir wahrscheinlich jede Möglichkeit des sozialen Kontaktes mit dem Nachbarn zerstört. Und wer weiß, vielleicht benötigen wir auch einmal seine Hilfe. ◀

Die Situation ist von großer Bedeutung dafür, ob ein Gespräch erfolgreich ist oder nicht. Es gibt vier Möglichkeiten, wie unsere innere Haltung zur Situation passen kann und umgekehrt. Folgendes Schema in ◘ Abb. 3.2 nach Schulz von Thun zeigt diese vier Möglichkeiten (Schulz von Thun 2008).

Gehen wir die einzelnen Felder anhand eines Beispiels im Uhrzeigersinn durch:

◘ **Abb. 3.2** Vier-Felder-Schema zum Konzept der Stimmigkeit von Person und Situation. Es existieren vier Möglichkeiten, wie unsere innere Haltung zur Gesprächssituation passen kann. (Quelle: eigene Darstellung in Anlehnung an Schulz von Thun 2008, S. 306)

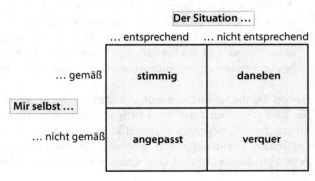

Mir selbst ...	Der Situation ...	
	... entsprechend	... nicht entsprechend
... gemäß	stimmig	daneben
... nicht gemäß	angepasst	verquer

> ▶ **Fallbeispiel**

Ralf Schmidt sucht für sich als Geschäftsführer von Baumaschinen Schmidt einen Assistenten bzw. eine Assistentin. Vier Bewerber/-innen kommen in die engere Wahl. Nacheinander führt Ralf Schmidt mit jeder Person ein Bewerbungsgespräch in seinem Büro.

Das Gespräch mit Frau Recht lief wie von selbst. Ralf Schmidt hatte von Beginn an ein gutes Gefühl und bei Frau Recht war es ebenso. Das ganze Auftreten von Frau Recht passte zum Anlass des Gespräches. Sie hatte sich gut vorbereitet, trat natürlich und kompetent auf. Auch sie hatte Fragen an Ralf Schmidt, die echtes Interesse zeigten. Ralf Schmidt schaute nach über einer Stunde auf die Uhr und war völlig überrascht, wie schnell die Zeit vergangen war.

Danach kam Herr Abseits. Herr Abseits war mindestens genauso kompetent auf wie Frau Recht. Er beantwortete sämtliche Fragen absolut richtig und konnte sogar Aspekte ergänzen, an die Ralf Schmidt selbst noch gar nicht gedacht hatte. Auch wirkte Herr Abseits sehr authentisch. Nur hieß dieses, dass Herr Abseits immer wieder ins vertrauliche „Du" verfiel. Auch sparte er nicht an Kraftausdrücken. Ralf Schmidt war zwar von der Kompetenz von Herrn Abseits tief beeindruckt, seine offene Authentizität jedoch ging ihm für ein Bewerbungsgespräch deutlich zu weit.

Frau Eigenartig war die dritte Kandidatin. Auch sie war sehr kompetent und konnte sich hervorragend ausdrücken. Auch stellte sie sehr intelligente Fragen. Ralf Schmidt wusste aber nach dem Gespräch nicht mehr genau, wie sie auf die Großmutter von Frau Eigenartig zu sprechen kamen. Es hing wohl mit der Frage zusammen, warum es Frau Eigenartig an einen anderen Wohnort zog. Frau Eigenartig war sichtlich berührt, da Ihre Großmutter an Demenz litt und in einem Pflegeheim wohnen musste. Ihr standen Tränen in den Augen, als sie davon erzählte. Ralf Schmidt wusste nicht, wie er sich verhalten sollte. Er kannte Frau Eigenartig gerade einmal eine halbe Stunde und hörte sich die tragische Geschichte ihrer Großmutter an. Eigentlich wollte er gar nichts darüber wissen und auch nicht darüber sprechen, schließlich hatte es nichts mit der vakanten Stelle zu tun. Dennoch versuchte er, sich zusammenzureißen und redete auf Frau Eigenartig in Hoffnung ein, dass diese sich beruhigte. Nach dem Gespräch fragte sich Ralf Schmidt, was Frau Eigenartig geritten hatte, so über sich und ihre Großmutter zu sprechen. Noch mehr fand er es jedoch völlig verquer, dass er, obwohl er etwas anderes wollte, in das Thema Großmutter eingestiegen war.

Herr Opportun erinnerte Ralf Schmidt irgendwie an Herrn Abseits. Er wusste nur nicht warum. Herr Opportun war, wie die drei weiteren Bewerber, sehr kompetent. Er war schick gekleidet und redete betont langsam und gewählt. Im Gespräch bewegte Herr Opportun häufig die Schultern, so als ob der Anzug nicht richtig saß. Irgendetwas schien ihm ungewohnt. Auch seine Sprache war zwar fast druckreif, nur wirkte diese sehr gestelzt und wenig lebendig. Insgesamt machte er auf Ralf Schmidt den Eindruck eines schlechten Schauspielers. Im Nachhinein dachte er: „Herr Opportun war fast so, als würde Herr Abseits versuchen, sich zu benehmen." ◀

Anhand der Beispiele können wir erkennen, dass sich aus einer bestimmten Situation auch bestimmte Erwartungen an die handelnden Personen ableiten. Die Erwartungen bestimmen die Rolle, die die Personen in der Situation spielen sollten, damit Person und Situation stimmig sind (Schulz von Thun 2008). Ralf Schmidt hat bestimmte Erwartungen an die Rolle des Bewerbers bzw. der Bewerberin.

Weicht das Verhalten ab, ist er irritiert, was zur Folge hat, dass die kompetenten Antworten von drei Bewerbern nicht mehr im Mittelpunkt seiner Wahrnehmung standen.

> **❓ Reflexionsaufgabe: Persönliche Erfahrung mit (Un-)Stimmigkeiten im Gespräch**
> Denken Sie bitte an Gesprächssituationen, in denen Sie das Gefühl hatten, dass etwas nicht richtig ist. Wie haben Sie sich verhalten und geäußert und wie Ihr Gegenüber? Ordnen Sie die Gesprächssituation bitte in das Vier-Felder-Schema ein.

3

3.3 Gesprächsvorbereitung

Im beruflichen Kontext finden Gespräche häufig nicht spontan oder zufällig statt, sondern sie sind geplant und terminiert. Beispiele für solche Gespräche sind:

1. Das **Informationsgespräch** – eine Person oder eine Gruppe wird über einen Sachverhalt informiert.
2. Das **Delegationsgespräch** – einem Mitarbeiter oder einer Mitarbeiterin wird ein Arbeitsauftrag gegeben und erläutert.
3. Das **Feedback-/Kritikgespräch** – ein Mitarbeiter oder eine Mitarbeiterin erhält positives oder auch kritisches Feedback zur persönlichen Arbeitsleistung oder zum Verhalten am Arbeitsplatz.

In der Regel haben wir die Möglichkeit, uns auf diese Gespräche vorzubereiten. Einen ersten Anhalt für die Vorbereitung geben die zu Beginn dieses Kapitels dargestellten sechs grundlegenden Schritte für erfolgreiche Gespräche. Diese sollten in Vorbereitung des Gespräches durchgegangen und auf mögliche „Stolpersteine" untersucht werden.

Von besonderer Bedeutung ist die Gesprächssituation (siehe ▶ Abschn. 3.2). Eine Möglichkeit zur strukturierten Vorbereitung auf die Gesprächssituation ist die Analyse der vier Punkte **Vorgeschichte**, **thematische Struktur**, **zwischenmenschliche Struktur** sowie **Zielsetzung** (Schulz von Thun 2008). Wir möchten uns im Folgenden an diese von Schulz von Thun entwickelten Punkte zur Gesprächsvorbereitung anlehnen und die aus unserer Sicht wichtigsten Inhalte der Vorbereitung zusammentragen:

1. **Vorgeschichte**
   Hierzu gehört alles das, was im Vorfeld passiert ist und Relevanz für das Gespräch besitzt. Im Kern steht die Frage, wie es zu dem Gespräch gekommen ist bzw. was der Anlass ist (Schulz von Thun 2008). Zur Vorgeschichte gehört auch alles das, was für unsere Beziehung zu unserer Gesprächspartnerin/unserem Gesprächspartner und die eigene Haltung zu dieser/diesem Relevanz besitzt (Gührs und Nowak 2014).
2. **Thematische Struktur**
   Das Thema sollte mit dem Anlass des Gespräches und der Zielsetzung übereinstimmen. Falls vorhanden, schafft eine Tagesordnung oder Themenliste Klarheit. Auch kann es wichtig sein, zu bestimmen, was nicht zum Thema gehört

(Schulz von Thun 2008). In Verhandlungssituationen ist es hilfreich, im Vorfeld Argumente und Gegenargumente zusammenzutragen. Insbesondere sollten Sie Ihre Verhandlungsoptionen für den Fall, dass Sie sich einigen, aber auch für den Fall, dass Sie sich nicht einigen, kennen (Gührs und Nowak 2014).

3. **Zwischenmenschliche Struktur**
   Die anwesenden Personen und die Rollen, die diese verkörpern, sind von Bedeutung. Auch ist es wichtig, wie die Beziehungen untereinander sind (Schulz von Thun 2008).

4. **Zielsetzung**
   Was soll in dem Gespräch erreicht werden? Wann ist es erfolgreich? Die eigenen Ziele sind von Bedeutung, aber mindestens genauso, die der Gesprächspartnerin/des Gesprächspartners bzw. der Gesprächspartner/-innen. Abweichende Zielsetzungen sollten vorab oder zu Beginn des Gespräches geklärt werden (Schulz von Thun 2008).

Da, wie gesagt, unsere Prämissen bei der Vorbereitung des Gespräches nicht unbedingt mit denen unseres Gegenübers übereinstimmen müssen, hat es sich bewährt, zu Beginn des Gespräches die Situation explizit zu klären. Eine kurze Zusammenfassung anhand folgender Frage schlägt Schulz von Thun (2008, S. 285) vor:

» „Wie kommt es […] und welchen Sinn macht es […], daß ausgerechnet ich […] ausgerechnet mit Ihnen […] ausgerechnet dieses Thema […] bearbeiten möchte?"

? **Reflexionsaufgabe: Bereiten Sie Ihr nächstes wichtigstes Gespräch vor.**
In nächster Zeit steht bestimmt ein wichtiges Gespräch für Sie an. Bitte bereiten Sie dieses wie dargestellt strukturiert vor. Ist das Ergebnis für Sie vollständig rund und fühlen Sie sich gut vorbereitet? Wenn ja, dann auf ins Gespräch. Wenn noch etwas fehlt, dann ergänzen Sie die vier Punkte bitte entsprechend, so dass Sie zur Vorbereitung des nächsten wichtigen Gesprächs darauf zurückkommen können.

3.4 Fragetechniken

Im zwischenmenschlichen Kreislaufschema nach Thomann und Schulz von Thun wird zwischen dem äußeren und inneren Erleben im Kommunikationskreislauf unterschieden (Thomann & Schulz von Thun 2005; Lubienetzki und Schüler-Lubienetzki 2020).

Übertragen auf unser Ziel, ein erfolgreiches Gespräch zu führen, bedeutet dies, dass unsere Äußerungen umso wahrscheinlicher von unserer Gesprächspartnerin/unserem Gesprächspartner verstanden werden, je besser wir verstehen, was unsere Gesprächspartnerin/unseren Gesprächspartner in ihrem/seinem Inneren bewegt. Aus diesem Grund sollten wir uns im Gespräch unserer Gesprächspartnerin/unserem Gesprächspartner wirklich zuwenden, mit ihm oder ihr in Kontakt treten, und den Menschen insgesamt wahrnehmen. Den Menschen wahrzunehmen bedeutet in diesem Zusammenhang, zu hören, was dieser sagt und zu sehen, wie dieser sich verhält.

3

Wie Sie bereits wissen, bezeichnen Watzlawick et al. diesen Sachverhalt mit den Begriffen *digitale* und *analoge Modalitäten*. Sprache ist in der Lage, durch seine definierte Syntax und die Semantik von Worten und Begriffen auch komplexe Zusammenhänge zu verbalisieren. Schwächen besitzt die Sprache, wenn es um Botschaften geht, die Gefühle und die Beziehung zwischen Menschen ausdrücken. Dort liegen die Stärken der analogen Modalität, des Verhaltens, jedoch fehlt es an der logischen Syntax, so dass diese nicht unbedingt eindeutig sein muss. Beispielsweise kann ein Lächeln Freundschaft oder Verachtung ausdrücken (Watzlawick et al. 1967/2011).

Indem wir unserer Gesprächspartnerin oder unserem Gesprächspartner zuhören und insgesamt wahrnehmen, erfahren wir vieles, das uns hilft, ihre oder seine Nachrichten zu entschlüsseln und die Botschaften hinter der Nachricht zu verstehen. Noch mehr erfahren wir, wenn wir nicht nur passiv, sondern **aktiv zuhören**: „Beim aktiven Zuhören versucht der Empfänger also zu verstehen, was der Sender empfindet oder was seine Botschaft besagt." (Gordon 1974, S. 59). Um dieses Verständnis zu erreichen, hat der Empfänger die Möglichkeit, Fragen zu stellen und ohne Wertung zu paraphrasieren, was dieser verstanden hat (Gordon 1974).

Fragen sind also die wichtigste Methode, um im Gespräch unser Gegenüber zu verstehen. Fragen können aber noch mehr: Sie können ein Gespräch lenken. Sie können unserem Gegenüber helfen, sich selbst weiterzuentwickeln oder Blockaden aufzuheben, und leider können sie auch für manipulative Zwecke missbraucht werden (Gührs und Nowak 2014).

Ruth Cohn, die Begründerin der *themenzentrierten Interaktion* (Cohn 1980), einem Konzept zur Arbeit mit Gruppen, hat hierzu formuliert: „Wenn du eine Frage stellst, sage, warum du fragst und was die Frage für dich bedeutet. Sage dich selbst aus und vermeide das Interview." (Cohn 1980, S. 124). Diesem Satz schließen wir uns an.

> **Wichtig**
>
> Wenn wir uns mit Fragen und Fragetechniken beschäftigen, sind für uns besonders die Fragen wichtig, die im von Ruth Cohn formulierten Sinne gestellt werden. Erfolgreiche Kommunikation wird durch diese Fragen unterstützt. Wenn wir auf Fragen mit manipulativem Beweggrund eingehen, sollten Sie diese Fragetechniken kennen und diese Fragen erkennen, um ihnen in Ihrer Gesprächsführung effektiv begegnen zu können.

Fragen können offen oder geschlossen gestellt werden.

> **Definition**
>
> **Offen** ist eine **Frage** dann, wenn in ihr keine einengenden Vorgaben, wie z. B. Antwortmöglichkeiten, gemacht werden (angelehnt an Friedrichs und Schwinges 2015; Gührs und Nowak 2014).

Meistens werden offene Fragen mit W-Fragewörtern eingeleitet, z. B. „wie", „wie lange", „wodurch", „wohin", „welche" usw. Offene Fragen haben den Vorteil, dass die/der Fragende mit einer kurzen Frage viele Informationen erhalten kann. Sie bergen aber auch den Nachteil in sich, dass mit ihnen eine wahre Informationsflut ausgelöst werden kann, die es anschließend zu bändigen gilt.

> ┌─ **Definition** ──
>
> **Geschlossene Fragen** geben die Antwortmöglichkeiten (z. B. Ja oder Nein) vor. Auch Fragen, die Alternativen vorgeben, zählen hierzu (angelehnt an Friedrichs und Schwinges 2015; Gührs und Nowak 2014).

Geschlossene Fragen haben den Vorteil, dass Sachinhalte klargestellt werden können. Sie besitzen den Nachteil, dass nach der kurzen Antwort der „Ball" direkt wieder beim Fragenden liegt (Friedrichs und Schwinges 2015; Gührs und Nowak 2014).

Offene und geschlossene Fragen können mit unterschiedlichen Zielrichtungen formuliert werden. Häufig geht es nicht allein darum, eine Sachinformation zu erhalten, sondern auch darum, mit geeigneten Fragetechniken beim Befragten und im Gespräch einen bestimmten Effekt zu erzielen.

Die folgende Liste ist nicht abschließend, sie enthält aber aus unserer Sicht die wichtigsten **Frageformen** und **-techniken** (vgl. Gührs und Nowak 2014 sowie Friedrichs und Schwinges 2015):

1. **Informationsfrage** („Was möchten Sie wissen?")
   Die Informationsfrage ist meistens als offene Frage gestaltet. Die Frage dient der Informationsgewinnung. Sie sollte kurz formuliert sein und beginnt als offene Frage meistens mit einem W-Fragewort.

> ▶ **Beispiel**
>
> Monika Bach spricht mit Ralf Schmidt über den gestrigen Kundentermin. Ralf Schmidt fragt: „Wie hat der Kunde auf die Produktpräsentation reagiert?" Nachdem Monika Bach ihm die positive Kundenreaktion erläutert hat, fragt Ralf Schmidt: „Das hört sich doch toll an. Warum sind Sie nicht gleich gestern zu mir gekommen?" Monika Bach stockt kurz und antwortet leicht verlegen: „Es war schon nach 17 Uhr und ich hatte noch einen privaten Termin." Ralf Schmidt antwortet schnell: „Das war völlig in Ordnung." ◀

❯ Wichtig

Das Fragewort „Warum?" sollte mit Vorsicht eingesetzt werden, da es die Befragte oder den Befragten dazu auffordert, sich zu rechtfertigen. Damit drängt es sie oder ihn in eine Ecke. Sie/Er muss sich positionieren und „Farbe bekennen", was blockierend wirken kann. Der Gesprächsfluss kann dadurch unterbrochen werden und die/der nach dem „Warum" Gefragte verschließt sich.

2. **Alternativ-/Entscheidungsfrage** („Haben Sie sich entschieden?")
   Als geschlossene Frage formuliert erwartet die Frage in ihrer Grundform ein Ja oder Nein. In ihrer Erweiterung werden der oder dem Befragten Alternativen angeboten, von denen sie oder er eine auswählen kann. Das Gespräch kann ins Stocken geraten, wenn die/der Befragte keiner der Alternativen zustimmt. Die Fragetechnik kann in verschärfender bzw. manipulativer Absicht eingesetzt werden, indem ungleiche Alternativen angeboten werden.

3

> ▶ Beispiel
>
> Ralf Schmidt sucht eine Kundenakte und fragt Frau Probst: „Frau Probst, haben Sie die Akte von der Firma Bolt?" Frau Probst antwortet daraufhin: „Nein, leider nicht."
>   Etwas später fragt Herr Schmidt Frau Probst: „Die Betriebsfeier … wo würden Sie diese am liebsten feiern? Bei uns im Atrium, auf dem Sportplatz oder im Hotel Stolz?" Frau Probst antwortet: „Unser Atrium würde mir am besten gefallen." ◄

3. **Gegen-/Rückfrage** („Warum wollen Sie das überhaupt wissen?")
Die Frage der Gesprächspartnerin/des Gesprächspartners wird nicht beantwortet, sondern ihr/ihm wird ebenfalls eine Frage gestellt. Dieses Vorgehen kann sinnvoll sein, wenn die Gesprächspartnerin/der Gesprächspartner versucht, mit Fragen vom eigentlichen Kern des Gespräches abzulenken, oder versucht, Informationen zurückzuhalten. Häufige Gegenfragen behindern den Gesprächsverlauf und können gar in einen Machtkampf münden.

> ▶ Beispiel
>
> Herr Meier fragt Frau Bach: „Sie finden doch bestimmt auch, dass die Auszubildenden strikte Führung benötigen?" Frau Bach fragt zurück: „Was sagt denn Herr Schmidt dazu?" Herr Maier blickt irritiert und fragt offener: „Wie würden Sie die Auszubildenden führen?" ◄

4. **Motivierende Frage** („Super! Wie wollen wir weiter machen?")
Die motivierende Frage enthält ein Lob oder eine positive Zuschreibung. Sie ist darauf ausgerichtet, die Gesprächspartnerin/den Gesprächspartner zur Antwort und dazu, aus sich herauszugehen, zu ermuntern. Die Gesprächsstimmung soll positiv beeinflusst werden. Wichtig ist, dass das Lob tatsächlich in wertschätzender Absicht ausgesprochen wird. So kann ein unechtes Lob in einer motivierenden Frage in manipulativer Absicht eingesetzt werden.

> ▶ Beispiel
>
> Ralf Schmidt fragt Herrn Meier, der in der bisherigen Diskussion eher zurückhaltend war: „Herr Meier, Sie als ausgewiesener Spezialist für Produkt A …, was würden Sie unserem Kunden raten?" ◄

5. **Schock-/Angriffs-/Provokationsfrage** („Wissen Sie eigentlich, was Sie gerade gesagt haben?")
Die Gesprächspartnerin oder der Gesprächspartner soll aus der Reserve gelockt werden. Sie oder er soll seine unklare Haltung verlassen und eine klare Position beziehen. In manipulativer Absicht könnte mit einer solchen Frage versucht werden, der Gesprächspartnerin/dem Gesprächspartner unbeabsichtigte Äußerungen zu entlocken.

> ▶ Beispiel
>
> Monika Bach und Herr Maier sind wieder einmal unterschiedlicher Meinung in Bezug auf die Auszubildenden. Herr Maier erzählt dabei von früher und wie er damals als Auszubildender rangenommen wurde. Monika Bach fragt ihn plötzlich: „Sind Sie tatsächlich der Ansicht, dass wir mit diesen antiquierten Methoden heute weiterkommen?" ◄

6. **Lösungsorientierte Frage** („Wie würden Sie diese Frage stellen?")
   Die lösungsorientierten Fragen zielen darauf ab, die Befragte/den Befragten dabei zu unterstützen, eigene Lösungen für ihre/seine Problemstellungen zu finden. Sie sind im Konjunktiv gestellt und fordern die Befragte/den Befragten hypothetisch auf, eine andere Perspektive einzunehmen. Die andere Perspektive kann die einer anderen Person sein oder es kann auch eine zukünftige Entwicklung antizipiert werden.

> ▶ **Beispiel**

Ralf Schmidt lässt sich bei schwierigen geschäftlichen Situationen von einem Coach unterstützen. Diesmal geht es um die Zusammenarbeit mit Herrn Maier. Ralf Schmidt hat das Gefühl, er erreicht Herrn Maier nicht und dieser macht, was er will. Seine Gedanken drehen sich schon einige Zeit um dieses Problem. Der Coach möchte Herrn Schmidt bei der Lösungsfindung unterstützen und stellt ihm die sogenannte Wunderfrage: „Herr Schmidt, stellen Sie sich vor, Sie wachen morgens auf und eine Fee hat ein Wunder gewirkt. Ihr Problem mit Herrn Maier ist gelöst. Da Sie geschlafen haben, wissen Sie natürlich nicht, dass das Wunder gewirkt wurde. Woran würden Sie dennoch bemerken, dass das Wunder geschehen ist?" ◄

7. **Frage mit manipulativer Absicht** („Sie haben doch sicher schon damit gerechnet, dass wir diese Frage stellen, oder? Wer würde das nicht tun?")
   Die **Suggestivfrage** drängt die Befragte oder den Befragten in eine gewünschte Richtung. Die wahre Meinung ist nicht interessant, vielmehr soll die suggerierte Meinung übernommen werden. Suggestivfragen enthalten häufig Wörter wie „sicher", „etwa", „doch" usw. **Rhetorische Fragen** erwarten keine Antwort. Vielmehr ist die Antwort bereits in der Frage enthalten. Der bzw. die Fragende unterstellt, dass die/der Befragte die gleiche Meinung besitzt. Die **indirekte Frage**, oft als Fangfrage formuliert, zielt darauf ab, eine Antwort auf eine Frage zu erhalten, die nicht direkt gestellt werden kann. Auch kann die/der Fragende versuchen, ihre/seine eigene Meinung zu verschleiern, indem sie/er ein Thema nur indirekt anspricht.

> ▶ **Beispiel**

Ralf Schmidt verhandelt mit einem unangenehmen Kunden. Nachdem sie über eine Stunde über die Vorteile des Produkts gesprochen hatten, fragt der Kunde: „Jetzt haben Sie mir über eine Stunde lang die Vorzüge Ihres Produktes aufgezählt. Sie wissen doch auch, dass das gleiche Produkt bei Ihrem Wettbewerber 20 % günstiger zu haben ist, oder? Würden Sie etwa 20 % mehr für das gleiche Produkt zahlen?" Ralf Schmidt antwortet mit einer Gegenfrage (und möchte dabei herausfinden, ob der Kunde nur blufft): „Das Produkt hat also nach Aussage unseres Wettbewerbers die gleichen Eigenschaften wie unseres. Warum sitzen wir dann seit über einer Stunde hier zusammen?" ◄

❓ **Reflexionsaufgabe: Ihnen gestellte Fragen hinterfragen**

Erinnern Sie sich bitte an eigene Gesprächssituationen, in denen Ihnen Fragen gestellt wurden und in denen Sie selbst Fragen gestellt haben. Um welche Frageform handelte es sich jeweils? Mit welcher Intention wurde Ihnen die Frage wahrscheinlich gestellt bzw. welche Intention hatten Sie beim Stellen Ihrer Frage?

3

3.5 Gesprächsfördernde und -hemmende Faktoren

In diesem Abschnitt möchten wir unseren Blick auf die Faktoren lenken, die erfolgreiche Gesprächsführung fördern oder hemmen. Zur Systematisierung der verschiedenen Faktoren rufen wir uns erneut mit ◘ Abb. 3.3 das erweiterte Kommunikationsmodell in Anlehnung an Watzlawick et al. (1967/2011) in Erinnerung.

Dieses Modell übertragen wir nun auf eine Gesprächssituation in einer bestimmten Umgebung (z. B. Büro, Mensa usw.). Der Sender sind wir und der Empfänger ist unser Gesprächspartner bzw. unsere Gesprächspartnerin. Wir interagieren miteinander; dabei äußern wir uns verbal und nonverbal.

Beginnen wir bei der Umgebung. Diese kann einen gesprächsfördernden oder -hemmenden Einfluss besitzen. Sicherlich können wir uns die Umgebung, in der Gespräche stattfinden, nicht immer aussuchen. Haben wir jedoch diese Möglichkeit, so wirkt sich eine ruhige und angenehme Gesprächsumgebung förderlich auf unser Gespräch aus.

Im Zentrum des Gespräches stehen natürlich wir selbst und unser Gesprächspartner bzw. unsere Gesprächspartnerin. Folgende **gesprächsfördernden und -hemmenden Faktoren** haben wir bereits kennengelernt:

1. **Persönliche Haltung**
   Die persönliche Haltung kann aus unterschiedlichen Blickwinkeln betrachtet werden. Nach dem fünften Axiom von Watzlawick et al. kann die Beziehung auf Gleichheit oder Ungleichheit beruhen (Watzlawick et al. 1967/2011). Auch kann die Lebensanschauung als Anhaltspunkt genommen werden. Diese ist uns selbst und anderen gegenüber entweder positiv oder negativ bzw. wertschätzend oder abwertend (Harris 1994). Als dritte Möglichkeit haben wir uns die Persönlichkeit des Menschen angesehen. Hierzu haben wir nach dem Riemann-Thomann-Modell die Dimensionen Nähe und Distanz (Raum) sowie Dauer und Wechsel (Zeit) unterschieden (Thomann und Schulz von Thun 2005). Ob die persönliche Haltung gesprächsfördernd oder -hemmend wirkt,

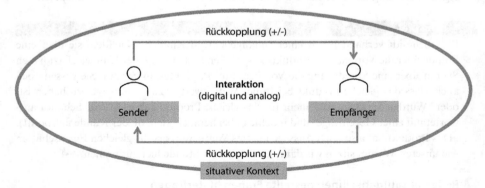

◘ **Abb. 3.3** Erweitertes Kommunikationsmodell, angelehnt an die Axiome nach Watzlawick. Das erweiterte Kommunikationsmodell angelehnt an die Axiome nach Watzlawick et al. zeigt verschiedene Faktoren, die das Gespräch fördern oder hemmen können. (Quelle: eigene Darstellung in Anlehnung an Watzlawick et al. 1967/2011)

hängt von beiden Gesprächspartnern ab. Passen die persönlichen Haltungen zueinander, indem beispielsweise beide Gesprächspartner ihre Beziehung zueinander gleichartig definieren, wirkt sich dieser Umstand gesprächsfördernd aus. Gesprächshemmend wirkt dagegen, wenn beispielsweise eine Gesprächspartnerin oder ein Gesprächspartner eine wertschätzende Haltung sich und anderen gegenüber besitzt und der/die andere Gesprächspartner/-in mit Abwertung antwortet.

2. **Kongruenz und Inkongruenz**
   Stimmen das, was wir sagen, und das, was wir nonverbal ausdrücken, nicht überein, kann dies irritierend auf unsere Gesprächspartnerin/unseren Gesprächspartner wirken (Schulz von Thun 2013). Eine solche Irritation kann gesprächshemmend wirken. Klarheit in unserer Haltung sowie Authentizität und Kongruenz in unserem Verhalten dagegen wirken gesprächsfördernd (Hellwig 2016).

3. **Situationsgerechtes Verhalten**
   Sofern unsere Gesprächspartnerin/unser Gesprächspartner unser Verhalten als stimmig mit der Gesprächssituation empfindet, kann sich dieses gesprächsfördernd auswirken. Die im vorhergehenden Punkt genannte Authentizität kann, sofern sie nicht zur Situation passt, irritierend und damit gesprächshemmend wirken. Wenn die Möglichkeit besteht, sollten wir uns auf die Gesprächssituation vorbereiten (Schulz von Thun 2008).

4. **Kommunikationssperren und aktives Zuhören**
   Die typischen 12 Kommunikationssperren nach Gordon, beispielsweise jede Art von Urteil oder Wertung, wirken gesprächshemmend. Aktives Zuhören, mit dem Ziel, die Gesprächspartnerin/den Gesprächspartner in allen Facetten, einschließlich ihrer/seiner Gefühle, zu verstehen, wirkt gesprächsfördernd (Gordon 1974).
   Eine weitere Möglichkeit, so zu kommunizieren, dass das Gespräch gefördert wird, bietet das **Konzept der gewaltfreien Kommunikation** nach Marshall B. Rosenberg (2005). Im Zentrum dieses Konzeptes steht die These, dass wir dann wirklich mit Menschen in Kontakt kommen, wenn wir einfühlsam miteinander umgehen. Kontakt meint in diesem Zusammenhang, dass wir wirklich bei der anderen Person sind – bei dem, was sie sagt und bei dem, was sie fühlt. Wie bei Gordon (1974) steht das Verstehen der Gesprächspartnerin/des Gesprächspartners ohne Wertung oder Moralisierung im Mittelpunkt der gewaltfreien Kommunikation (Rosenberg 2005).

Gewaltfreie Kommunikation lässt sich als Prozess auffassen, der aus vier Schritten besteht (siehe ◘ Abb. 3.4):

◘ **Abb. 3.4** Prozess der gewaltfreien Kommunikation nach Rosenberg. Nach Rosenberg kann der Prozess gewaltfreier Kommunikation in vier Schritte geteilt werden. (Quelle: eigene Darstellung in Anlehnung an Rosenberg 2005)

1. Unser Gegenüber zu **beobachten** und wirklich wahrzunehmen, ist die erste He-
   rausforderung. Meistens äußern wir Beobachtungen und Bewertungen ver-
   mischt. Oft verwechseln wir sogar eine Beobachtung mit einer Bewertung (Rosenberg 2005).

3

> ► **Beispiel**

Wir hatten bereits früher Herrn Meier im Umgang mit Auszubildenden erlebt. Zum
wiederholten Male findet Herr Meier nach Feierabend einen Auszubildenden-Arbeits-
platz vor, auf dem verschiedene Unterlagen und Werkzeuge verstreut herumliegen. Ein
Grundsatz in der Ausbildung lautet für Herrn Meier: „Arbeitsplätze werden aufgeräumt
verlassen." Herr Meier ärgert sich und beschließt, am nächsten Morgen mit dem betref-
fenden Auszubildenden zu sprechen. So wie wir Herrn Meier bisher kennengelernt haben, können wir uns vorstellen, dass das Gespräch eher einseitig und heftig verlaufen
wird. Am Ende werden Herr Meier und der Auszubildende sehr aufgewühlt sein und
beide sich nicht sicher sein, wie es weitergehen wird.

Sie haben die „Wunderfrage" bereits kennengelernt. Lassen Sie uns daran angelehnt
ein Gedankenexperiment machen: Über Nacht ist Herrn Meier eine gute Fee erschienen
und hat ihm das Konzept der gewaltfreien Kommunikation vermittelt. Wie würde der
Auszubildende am nächsten Morgen sein Gespräch mit Herrn Meier wohl erleben?

Herr Meier begrüßt den Auszubildenden zunächst freundlich und teilt ihm in wertschätzender Haltung mit, dass er mit ihm über dessen Arbeitsplatz sprechen möchte.
Hierzu sagt er Folgendes: „Gestern Abend bin ich noch einmal an den Arbeitsplätzen
der Auszubildenden vorbeigegangen. Dabei ist mir aufgefallen, dass auf Ihrem Arbeitsplatz verschiedene Unterlagen sowie mehrere Werkzeuge verteilt lagen."

So viel zu der Beobachtung von Herrn Meier. Wichtig war ihm, in seine Beobachtung keine Bewertung einfließen zu lassen. Sätze wie „Ihr Schreibtisch war unordent-
lich." oder „Sie haben nachlässig aufgeräumt." enthalten eine Bewertung und hätten
wahrscheinlich dazu geführt, dass der Auszubildende eine Rechtfertigungshaltung
eingenommen hätte, was zu einer Blockade geführt hätte. ◄

2. Nun gilt es, die eigenen **Gefühle** bei der Beobachtung zu erforschen. Die Offen-
   barung der Gefühle erlaubt es der Gesprächspartnerin/dem Gesprächspartner,
   Verständnis für die Haltung und Verhalten ihres/seines Gegenübers aufzubrin-
   gen (Rosenberg 2005).

> ► **Beispiel**

Nachdem Herr Meier dem Auszubildenden seine Beobachtung mitgeteilt hat, spricht er
von den Gefühlen, die diese bei ihm ausgelöst hat: „Als ich gestern Ihren Schreibtisch so
vorfand, war ich zunächst wütend. Nachdem ich weiter darüber nachgedacht hatte,
wurde mir deutlich, dass ich mich enttäuscht und verletzt fühlte."

An dieser Stelle war es Herrn Meier wichtig, seine Gefühle bezogen auf die Beobachtung zu formulieren und nicht auf den Auszubildenden. Sätze wie „Sie haben mich
wütend gemacht." oder „Sie sind eine Enttäuschung." hätten nicht zu der Situation
am gestrigen Abend gepasst – der Ausbildende war schließlich nicht anwesend. Solche
Aussagen hätten vermutlich blockierende Abwehrreaktionen bei diesem ausgelöst. ◄

3. Die hinter den Gefühlen liegenden **Bedürfnisse** sind im nächsten Schritt zu verbalisieren. Diese konstruktivistische Sichtweise bedeutet, dass nicht andere Menschen für unsere Gefühle und unser Verhalten verantwortlich sind, sondern immer wir selbst (Rosenberg 2005).

▶ Beispiel

Nachdem Herr Meier sich seiner Gefühle bewusst war, wusste er auch, woher diese stammten. Tief in seinem Inneren hat er den Wunsch nach Anerkennung und Wertschätzung. So sagte er: „Ich war enttäuscht und verletzt, da mir der Grundsatz ‚Arbeitsplätze werden aufgeräumt verlassen.' sehr wichtig ist. Wird dieser Grundsatz verletzt, empfinde ich das als abwertend."

Herr Meier bezieht das Bedürfnis und seine Reaktion auf sich selbst und nicht auf den Auszubildenden. Nicht der Auszubildende als Person hat ihn verletzt, sondern, dass der Grundsatz nicht beachtet wurde. ◄

4. Im letzten Schritt wird eine **Bitte** formuliert, deren Erfüllung die Lebensqualität der Gesprächspartner erhöht. Hierzu soll die Bitte positiv formuliert sein. Wir bitten also nicht darum, etwas nicht zu tun oder sein zu lassen, sondern formulieren, wie etwas getan werden sollte oder wie etwas sein sollte (Rosenberg 2005).

▶ Beispiel

Schließlich formulierte Herr Meier seine Bitte: „Bitte räumen Sie die Unterlagen und die Werkzeuge an Ihren Arbeitsplatz in die dafür vorgesehenen Fächer."

Der Auszubildende war sichtlich überrascht. Kannte er Herrn Meier doch bisher anders. So antwortete er: „Natürlich Herr Meier, ich verstehe."

In gewaltfreier Form hätte er auch antworten können: „Wenn Sie sehen, dass abends auf einem Arbeitsplatz Unterlagen und Werkzeuge liegen, dann fühlen Sie sich verletzt. Ihnen ist wichtig, dass der Grundsatz ‚Arbeitsplätze werden aufgeräumt verlassen.' beachtet wird. Natürlich räume ich den Arbeitsplatz sofort auf und in Zukunft werde ich diesen Grundsatz beachten." ◄

Die vier Schritte der gewaltfreien Kommunikation nach Rosenberg zeigen, dass Kommunikation immer dann gefördert wird, wenn Menschen wirklich in Kontakt zueinander kommen und verstehen, was andere bewegt und welche Bedürfnisse diese haben. „Lebensentfremdende Kommunikation", wie Rosenberg sie nennt, dagegen wirkt blockierend. Hierzu zählt er „moralische Urteile", „Vergleiche anstellen", „Verantwortung leugnen", „Forderungen formulieren" oder auch „Lob und Strafe" (Rosenberg 2005, S. 35 ff.).

❓ **Reflexionsaufgabe: Ein vergangenes Gespräch mit Blick auf gewaltfreie Kommunikation rekapitulieren**

Wann hatten Sie in letzter Zeit das Bedürfnis, einem anderen Menschen so richtig die Meinung zu sagen und haben dieses ihr oder ihm gegenüber auch umgesetzt? Rufen Sie sich bitte den Gesprächsverlauf ins Gedächtnis zurück. Was hat Ihr Gegenüber zu hören bekommen und wie hat dieses wohl auf sie/ihn gewirkt?

Nehmen wir an, die gute Fee erscheint auch Ihnen und Sie hätten die Möglichkeit, das Gespräch noch einmal entlang der vier Schritte der gewaltfreien Kommunikation zu führen. Welche Formulierungen würden Sie wählen?

3

Zusammenfassung in Schlagworten

━ Gespräche sind grundsätzlich zielgerichtet, womit der **Erfolg eines Gesprächs** daran gemessen wird, inwieweit das verfolgte **Gesprächsziel** erreicht wurde. Mithilfe bestimmter Vorgehensweisen kann Einfluss auf die Erfolgsaussichten des Gesprächs genommen werden.

━ Bei **wertebasierter Gesprächsführung** nimmt man grundsätzlich an, dass Kommunikation dann erfolgreich ist, wenn man seinen Gesprächspartner im Hier und Jetzt bewusst wahrnimmt und verstehen möchte.
  – Ausgehend von den 6 *Wirkprinzipien wertebasierter Gesprächsführung* sollte man in einem Gespräch also …
  1. Mit dem Gesprächspartner den Kontakt herstellen
  2. Klarheit über die eigene persönliche Haltung erreichen
  3. Die persönliche Haltung in Einklang mit Gesprächsinhalt und -ziel bringen
  4. Sich authentisch („echt") verhalten
  5. Aktiv zuhören (und den/die Gesprächspartner/-in wirklich ganz verstehen)
  6. Im gegenseitigen Einklang das Gespräch führen (mit Rückkopplung!)
  – Die konkrete Ausgestaltung der sechs Schritte hängt von der Gesprächssituation ab.

━ Die **persönliche Haltung** und der Grad an Authentizität der Kommunizierenden sind auf die **Gesprächssituation** abzustimmen.
  – Ihre innere Haltung kann sich eine Person unter anderem durch die Aufstellung des **Inneren Teams** im Sinne Schulz von Thuns verdeutlichen.

━ Bei Möglichkeit sollte man sich auf ein Gespräch vorbereiten, insbesondere im beruflichen Kontext. Eine **strukturierte Vorbereitung** auf das Gespräch kann durch die Analyse der Vorgeschichte, der thematischen Struktur, der zwischenmenschlichen Struktur und der Zielsetzung des Gesprächs erfolgen.

━ Im Gespräch selbst sollte das eigene Verhalten **gesprächsfördernd** gestaltet werden.
  – Dazu können bewusst bestimmte **Fragtechniken** angewendet werden.
  – Aktives Zuhören, kongruentes und situationsgerechtes Verhalten sowie eine wertschätzende Haltung dem Gesprächspartner gegenüber wirken sich positiv auf die Erfolgsaussichten des Gesprächs aus.
  – Der von Rosenberg (2005) entwickelte *Prozess der gewaltfreien Kommunikation* bietet Orientierungshilfe:
  1. Gegenüber beobachten und bewertungsfrei wahrnehmen
  2. Eigene Gefühle erforschen und offenbaren
  3. Bedürfnisse hinter Gefühlen aussprechen
  4. Positive Bitte formulieren, deren Erfüllung die Lebensqualität der Gesprächspartner erhöht

Literatur

Cohn, R. (1980). *Von der Psychoanalyse zur themenzentrierten Interaktion. Von der Behandlung einzelner zu einer Pädagogik* (4. Aufl.). Stuttgart: Klett-Cotta.

Friedrichs, J., & Schwinges, U. (2015). *Das journalistische Interview* (4. Aufl.). Wiesbaden: Springer.

Gordon, T. (1974). *Familienkonferenz* (3. Aufl.). Lengerich: Hoffmann und Campe.

Gührs, M., & Nowak, C. (2014). *Das konstruktive Gespräch. Ein Leitfaden für Beratung, Unterricht und Mitarbeiterführung mit Konzepten der Transaktionsanalyse* (7. Aufl.). Meezen: Christa Limmer.

Harris, T. H. (1994). *Ich bin o. k., Du bist o. k.* Reinbek: Rowohlt.

Hellwig, C. (2016). *Wertebasierte Gesprächsführung – Wirkprinzipien des personenzentrierten Ansatzes.* Heidelberg/Berlin: Springer.

Lubienetzki, U., & Schüler-Lubienetzki, H. (2016). *Lass uns miteinander sprechen. Gesprächsführung. Studienbrief der Hochschule Fresenius online plus GmbH.* Idstein: Hochschule Fresenius online plus GmbH.

Lubienetzki, U., & Schüler-Lubienetzki, H. (2020). *Was wir uns wie sagen und zeigen. Psychologie der menschlichen Kommunikation.* Heidelberg: Springer.

Rogers, C. R. (2009). *Eine Theorie der Psychotherapie.* München: E. Reinhardt.

Rosenberg, M. B. (2005). *Gewaltfreie Kommunikation – eine Sprache des Lebens* (6. Aufl.). Paderborn: Jungfermann.

Schulz von Thun, F. (2008). *Miteinander Reden 3 – Das „innere Team" und situationsgerechte Kommunikation* (17. Aufl.). Reinbek: Rowohlt.

Schulz von Thun, F. (2013). *Miteinander Reden 1 – Störungen und Klärungen* (50. Aufl.). Reinbek: Rowohlt.

Shannon, C. E., & Weaver, W. (1972). *The mathematical theory of communication* (5. Aufl.). Urbana: Univ. of Illinois Press.

Watzlawick, P., Beavin, J. H., & Jackson, D. D. (1967/2011). *Menschliche Kommunikation – Formen, Störungen, Paradoxien* (12. Aufl.). 2011; Originalausgabe: Pragmatics of Human Communication. New York: Norton, (1967). Bern: Huber.

Umgang mit schwierigen Gesprächssituationen

Manche Gesprächsverläufe fordern uns heraus

Inhaltsverzeichnis

Die Ausführungen in diesem Kapitel basieren auf folgendem Studienbrief: Lubienetzki, U. & Schüler-Lubienetzki, H. (2016). LASS UNS MITEINANDER SPRECHEN. GESPRÄCHS-FÜHRUNG. Studienbrief der Hochschule Fresenius online plus GmbH. Idstein: Hochschule Fresenius online plus GmbH.

Die Welt ist real und nicht ideal. Diese Erkenntnis führt zwangsläufig zu der Schlussfolgerung, dass auch Gespräche in der Realität vom idealen Verlauf abweichen können. Andere Menschen können aus unterschiedlichen Gründen gegen einen erfolgreichen Gesprächsverlauf arbeiten. Diese möchten wir erkennen, um ihnen mit geeigneten Mitteln zu begegnen.

☻ Nach eingehender Lektüre dieses Kapitels können Sie …

4

— **Widerstand** in der Kommunikation als solchen identifizieren.
— beim Auftreten von Widerstand auf den Umständen angemessene **Interventionsstrategien** zurückgreifen.
— besondere **Formen** des Widerstands, wie z. B. manipulatives Verhalten oder unsachliche Kritik erkennen und darlegen, wie mit ihnen umzugehen ist.
— **Feedback** bewusst im Gespräch einsetzen.
— Ihre Gesprächspartnerin oder Ihren Gesprächspartner unter Berücksichtigung verschiedener Herangehensweisen und Strategien bei Widerstand erfolgreich **konfrontieren**.

4.1 Umgang mit Widerstand

Beim Umgang mit schwierigen Gesprächssituationen, ist es wichtig, welche Haltung wir einnehmen, wenn wir beispielsweise **Widerstand** erleben. Nehmen wir Widerstand ausschließlich als etwas Negatives wahr, löst er wahrscheinlich eine Abwehrreaktion bei uns aus. Gehen wir zunächst wertfrei mit Widerstand um, eröffnet sich uns die Möglichkeit, ihn ggf. produktiv zu nutzen.

DUDEN online führt in der Bedeutungsübersicht zum Begriff *Widerstand* an erster Stelle „das Sichwidersetzen, Sichentgegenstellen" (Bibliographisches Institut GmbH 2016c) auf. Dabei ist der Begriff weder positiv noch negativ belegt. In Anlehnung an diese Bedeutungsangabe können wir Widerstand in der Kommunikation mit anderen Menschen wie folgt definieren:

┌─ **Definition** ──────────────────────────────

Widerstand ist alles, was uns in der Kommunikation mit anderen Menschen dabei hindert, unsere Ziele zu erreichen.

Gührs und Nowak berufen sich auf Freud (1972) und bezeichnen zunächst alles das als Widerstand, was die Fortsetzung der Arbeit stört. Anschließend gehen sie noch weiter und definieren den Widerstand als „einen kreativen Lösungsversuch", um ein empfundenes Defizit zu beseitigen (Gührs und Nowak 2014, S. 275 ff.).

Die **Erscheinungsformen** von Widerstand sind vielfältig. Er kann aktiv oder passiv sein und sich verbal oder nonverbal äußern. Hieraus ergibt sich die Matrix in ◻ Abb. 4.1.

	verbal	**non-verbal**
aktiv	**Streiten** z. B. Infragestellen Debattieren Widersprechen Nörgeln	**Agitieren** z. B. beleidigt sein Koalitionen bilden Streiken Sabotieren
passiv	**Ausweichen** z. B. Redefinieren Bagatellisieren Rationalisieren Überdetaillieren	**Sich entziehen** z. B. Schweigen Vergessen Verschlafen Wegbleiben

◻ **Abb. 4.1**　Erscheinungsformen des Widerstands. (Quelle: eigene Darstellung in Anlehnung an Gührs und Nowak 2014, S. 278)

▶ **Fallbeispiel**

Die Auszubildenden bei Baumaschinen Schmidt GmbH sind sehr kreativ darin, Widerstand gegen etwas zu leisten, das Sie aus unterschiedlichen Gründen nicht wollen. Je nach Persönlichkeit des oder der Auszubildenden äußert sich der Widerstand in unterschiedlicher Art und Weise.

Nehmen wir die Auszubildende Zwist. Sie ist sehr kreativ darin, Ihrer Vorgesetzten, Frau Bach, zu widersprechen. Anstatt weiterführende Fragen zur Sache zu stellen, hinterfragt sie systematisch Methoden und Herangehensweisen. Manchmal widerspricht sie auch offen mit „Killerphrasen" wie „Das hat doch noch nie funktioniert." oder „Bei uns geht das bestimmt nicht."

Der Auszubildende Drück hat eine andere Strategie. Er macht sich scheinbar Gedanken, kommt jedoch meistens zu dem Schluss, dass es sich nicht lohnt, etwas zu tun oder das etwas noch viel detaillierter durchdacht werden müsste, bevor ein Weg wirklich gangbar sein könnte.

Schmollen, die Arme verschränken und absichtliche Fehler begehen sind nur einige Verhaltensweisen aus dem Repertoire von Herrn Hetz. Häufig tut er sich auch mit Herrn Drück oder Frau Zwist zusammen. In diesem Fall unterstützt er diese in ihrem verbalen Widerstand durch heftiges Nicken oder andere zustimmende Gesten.

An Auszubildende Entfall ist nur schwer heranzukommen. Oft vergisst sie einfachste Angelegenheiten einfach. So kommt sie häufig nicht zu Teammeetings und begründet ihr Fehlen mit der Ausrede „Ich dachte das Meeting wäre ausgefallen." Auch hat sie die höchsten krankheitsbedingten Fehltage, wobei auffallend ist, dass diese sich dann häufen, wenn unangenehme Aufgaben anstehen. ◀

Wenn Menschen Widerstand leisten, kann das viele Gründe haben. Bezogen auf die Arbeit mit Gruppen kann sich nach Gührs und Nowak der Widerstand gegen „das Thema", „den Prozess", „die Rahmenbedingungen" oder „den Leiter" rich-

4

ten (Gührs und Nowak 2014, S. 281). In Anlehnung an Gührs und Nowak (2014) werden wir nun die Motive für Widerstand im Gespräch näher betrachten.

4.2 Gründe für Widerstand

Spüren wir im Gespräch mit einem anderen Menschen dessen Widerstand, könnten wir im ersten Moment denken, dass sich dieser gegen uns persönlich richtet. Nun lohnt es sich nach unserer Erfahrung, den Gründen für den Widerstand auf den Grund zu gehen. Oft liegen die Gründe nämlich ganz woanders. Wenn wir aber den Widerstand persönlich nehmen, könnte eine unangemessene Reaktion unsererseits ihr Ziel verfehlen und darüber hinaus eskalierend wirken. Zwar könnte sich der Widerstand gegen uns richten, aber bei unserer Gesprächspartnerin/ unserem Gesprächspartner könnte eine **Übertragung** stattfinden. Auch könnte sich der Widerstand gegen das Gesprächsthema richten, das beispielsweise unangenehme Gefühle bei unserer Gesprächspartnerin/unserem Gesprächspartner auslöst. Schließlich könnten die Gründe für den Widerstand weder bei uns noch beim Gesprächsthema zu suchen sein, sondern außerhalb liegen. Unsere Gesprächspartnerin bzw. unser Gesprächspartner könnte beispielsweise durch ein privates Ereignis abgelenkt sein und deshalb nur widerwillig mit uns sprechen.

Eine zielführende **Intervention**, d. h. eine zielgerichtete Maßnahme oder Reaktion, mit der wir bei unserer Gesprächspartnerin/unserem Gesprächspartner eine bestimmte Wirkung erzielen möchten, kann nur dann erfolgreich sein, wenn wir das Motiv hinter dem Widerstand hinreichend genau kennen (Gührs und Nowak 2014).

> **Definition**
>
> Eine **Intervention** ist eine zielgerichtete Maßnahme, mit der (bei unserer Gesprächspartnerin/unserem Gesprächspartner) eine gewünschte Reaktion erreicht werden soll (vgl. Wirtz 2020).

Die zweite relevante Dimension ist die **Wirkung** des Widerstands. Mit dem Anstieg der negativen Wirkung des Widerstands auf unsere persönliche Zielerreichung verändert sich auch unsere Reaktion. Im Extremfall leistet unsere Gesprächspartnerin/unser Gesprächspartner zwar Widerstand, dieser ist jedoch nahezu bedeutungslos für das Erreichen unseres Ziels. Folglich müssen wir auch nicht unbedingt auf den Widerstand reagieren (Gührs und Nowak 2014).

Spannen wir eine Matrix zwischen dem Grad der Akzeptanz der Motive und dem Grad der negativen Wirkung des Widerstands, so ergeben sich die in ◘ Abb. 4.2 dargestellten **Interventionsstrategien** (Gührs und Nowak 2014).

Angelehnt an Gührs und Nowak (2014) sind folgende **Interventionsstrategien** in Gesprächen möglich:

1. **Ignorieren**: Wir nehmen den Widerstand zwar wahr, reagieren jedoch nicht auf den Widerstand unserer Gesprächspartnerin/unseres Gesprächspartners.

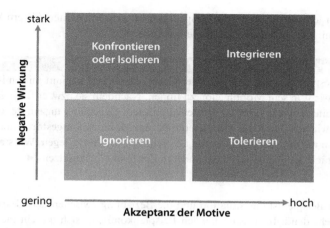

○ **Abb. 4.2** Interventionsstrategien bei Widerstand. (Quelle: eigene Darstellung in Anlehnung an Gührs und Nowak 2014, S. 282)

▶ **Beispiel: Ablenkung durch Geschehen vor dem Fenster**

Unserer Gesprächspartnerin bzw. unser Gesprächspartner wird kurzzeitig von einer Person abgelenkt, die sie/er durch das Fenster wahrnimmt. Nach einer kurzen Sprechpause wendet sich unsere Gesprächspartnerin/unser Gesprächspartner uns wieder zu und wir nehmen kommentarlos den Gesprächsfaden wieder auf. ◀

2. **Tolerieren**: Ähnlich wie beim Ignorieren nehmen wir den Widerstand wahr, reagieren in diesem Fall jedoch darauf. Unsere Reaktion sollte insbesondere Verständnis signalisieren, ohne jedoch dem Motiv des Widerstandes zu viel Raum zu geben.

❯ **Hinweis**

Hier ist die persönliche Haltung entscheidend: Wenn wir das Motiv des Widerstandes wirklich akzeptieren und nicht nur zähneknirschend hinnehmen, liegt kein Konflikt vor. Knirschen wir innerlich mit den Zähnen, so akzeptieren wir das Motiv nicht wirklich. Wir befinden uns eher im Feld „Ignorieren" und kommentieren das Verhalten besser nicht. Jedoch wird sich – je nachdem, wie gut unsere schauspielerischen Fähigkeiten ausgeprägt sind –unser innerliches Zähneknirschen auf unser Verhalten auswirken und somit unsere „gespielte" Toleranz unglaubwürdig machen.

▶ **Beispiel: Nachricht auf dem Mobiltelefon**

Unsere Gesprächspartnerin bzw. unser Gesprächspartner hat uns vor unserem Gespräch darauf hingewiesen, dass sie/er im Gesprächsverlauf eine Nachricht auf ihrem/seinem Mobiltelefon erhalten könnte. Als das Telefon vibriert, signalisieren wir ihr/ihm, dass sie/er die Nachricht annehmen kann und wir das Gespräch kurz unterbrechen. ◀

3. **Konfrontieren** (in Gruppen ist evtl. sinnvoll, die Person, die Ursache des Widerstands ist, ggf. vorher zu isolieren und z. B. in einer Pause anzusprechen): Der Widerstand ist massiver und störend für den Gesprächsfluss. Wir konfrontieren

4

den Gesprächspartner oder die Gesprächspartnerin mit seinem/ihrem Verhalten (▶ Abschn. 4.4), mit dem Ziel, dieses zu ändern.

> ▶ **Beispiel: Parallele Unterhaltung auf dem Mobiltelefon**

Unsere Gesprächspartnerin bzw. unser Gesprächspartner beginnt mitten im Gespräch, eine Nachricht in sein Mobiltelefon zu tippen. Nachdem sie bzw. er fertig ist, schaut sie bzw. er weiter auf das Display. Wir teilen unserem Gegenüber unsere Beobachtung mit und dass wir uns durch das Hantieren mit dem Mobiltelefon gestört fühlen. Anschließend bitten wir ihn, das Mobiltelefon im Gespräch beiseite zu legen. Wir stellen ihm frei, das Gespräch bei Bedarf zu einem anderen Zeitpunkt fortzusetzen. ◀

> **Wichtig**

In diesem Beispiel ist die Situation und die Beziehung zwischen den Gesprächspartnern entscheidend. Im vorangehenden Beispiel könnte es sich um ein fachliches Informationsgespräch unter Kollegen handeln. Handelt es sich jedoch beispielsweise um ein Beurteilungsgespräch, in dem sich eine Mitarbeiterin oder ein Mitarbeiter mit ihrem/seinem Mobiltelefon beschäftigt, könnte das Angebot, das Gespräch später fortzusetzen, in der Situation unangemessen sein.

4. **Integrieren**: Auch in diesem Fall ist der Widerstand so störend, dass die Zielerreichung gefährdet wird. Eine solche Störung muss bearbeitet werden. Da wir für das Motiv „Verständnis" haben, signalisieren wir unser Verständnis und bieten an, das Thema des Widerstandes in unser Gespräch zu integrieren.

> ▶ **Beispiel: Schlechte Nachricht während einer Coachingsitzung**

In einem Coachinggespräch zu einem beruflichen Thema erhält der Mandant eine negative private Nachricht, die ihn sichtlich beschäftigt. Als Coach bieten wir an, das private Thema zunächst zu bearbeiten, bevor wir mit dem Beruflichen fortfahren. ◀

> **Reflexionsaufgabe: Eigene Erfahrung mit Widerstand**

Jeder Mensch geht zeitweise in den Widerstand, bestimmt auch Sie. Analysieren Sie bitte eine Situation in vier Schritten, in der Sie Widerstand geleistet haben:

1. Welche Form des Widerstandes haben Sie angewendet? Bitte beschreiben Sie Ihr damaliges Verhalten.
2. Nun versetzen Sie sich bitte in Ihr Gegenüber, das den Widerstand zu spüren bekommen hat. Welches durch diese Person verfolgte Ziel haben Sie mit Ihrem Verhalten durchkreuzt? Welche negative Wirkung resultierte eventuell daraus?
3. Was war Ihr Motiv, aus dem heraus Sie Widerstand geleistet haben?
4. Wie hat Ihr Gegenüber auf Ihr Verhalten reagiert?

Nun drehen Sie das Ganze bitte um und analysieren eine Situation, in der eine Person Ihnen gegenüber Widerstand gezeigt hat:

1. Welches Verhalten haben Sie beobachtet?
2. Wie war die negative Wirkung auf Ihr Ziel?
3. Welche Vermutung haben Sie zum Motiv für das Verhalten?
4. Wie haben Sie damals reagiert? Welche Interventionsstrategie wäre im zielführend gewesen?

4.3 Besondere Formen des Widerstands

Wir haben bereits gesehen, dass die Formen des Widerstands äußerst vielfältig sind. Oft ist der Widerstand eher harmlos oder sogar unbewusst. In diesen Fällen reicht ein entsprechendes Feedback in der Regel aus, um die Gesprächspartnerin/den Gesprächspartner im Sinne einer erfolgreichen Gesprächsführung zu bewegen.

Im Folgenden möchten wir auf zwei Formen des Widerstands – manipulatives Verhalten und unsachliche Kritik – eingehen, die in aller Regel ein bewusst destruktives Ziel haben. **Manipulatives Verhalten** zielt auf die Verwirklichung vom eigentlichen Gesprächsziel abweichender Ziele. **Unsachliche Kritik** ist meistens gegen Personen gerichtet und möchte indirekt das eigentliche Gesprächsziel verhindern.

Manipulatives Verhalten

> **Definition**
>
> **Manipulation** in weitem Sinne ist nach Esch et al. (2016) eine „Form der Beeinflussung, bei der (1) der Beeinflussende andere Personen zu seinem eigenen Vorteil beeinflusst, (2) Einflussmethoden wählt, die für die anderen nicht durchschaubar sind und (3) den anderen das subjektive Gefühl gibt [sic!], sich frei entscheiden zu können."

Manipulatives Verhalten im Gespräch ist eine besondere Form des Widerstands. Entsprechend der genannten Definition zielt diese darauf, die Gesprächspartnerin/den Gesprächspartner so zu beeinflussen, dass diese/dieser – auch gegen ihren/seinen Willen – die Zielsetzung der/des Manipulierenden akzeptiert.

Manipulation hat unterschiedlichste Erscheinungsformen. Im Buch „Was wir uns wie sagen und zeigen" haben wir uns die „Spiele der Erwachsenen" nach Eric Berne (1984) angeschaut (Lubienetzki und Schüler-Lubienetzki 2020). Nehmen wir das dort behandelte „Ja-aber-Spiel" als Beispiel. Im „Ja-aber-Spiel" versucht die Spielerin/der Spieler Bestätigung für die Unlösbarkeit seines/ihres Problems oder seiner/ihrer Situation zu erhalten. Die zugrundeliegende Lebensanschauung ist eher negativ („Ich bin nicht o. k."). Unsere Gesprächspartnerin/ unser Gesprächspartner könnte somit versuchen, über dieses Spiel ihre/seine Lebensanschauung bestätigt zu erhalten (Gührs und Nowak 2014). Die Manipulation richtet sich also nicht unbedingt gegen das eigentliche Gesprächsziel, sondern setzt ein persönliches Ziel unserer Gesprächspartnerin/unseres Gesprächspartners daneben. Wenn wir die manipulative Absicht bemerken und uns nicht auf das Ja-aber-Spiel einlassen, ist die negative Wirkung wahrscheinlich eher gering. Anders sieht es aus, wenn unsere Gesprächspartnerin/unser Gesprächspartner gerade in der Absicht agiert, das eigentliche Gesprächsziel zu verfehlen und seine eigenen Ziele durchzusetzen. In diesem Fall ist die negative Wirkung deutlich größer. Im Kern geht es in solchen Gesprächskonstellationen darum, **Macht** über die Gesprächspartnerin/den Gesprächspartner zu gewinnen und auch auszuüben, die nach Weber (1976) folgendermaßen definiert ist:

> **Definition**
>
> „**Macht** bedeutet jede Chance, innerhalb einer sozialen Beziehung den eigenen Willen auch gegen Widerstreben durchzusetzen." (Weber 1976, S. 28)

4

Diese Sichtweise bedingt, dass manipulatives Verhalten im Gespräch als besondere Form des Widerstands immer inakzeptabel ist. Die Interventionsstrategie bei manipulativem Verhalten hängt somit ausschließlich von der negativen Wirkung der Manipulation ab. Ist diese eher gering, können wir sie ignorieren. Ist sie jedoch hoch, müssen wir konfrontieren (▶ Abschn. 4.4) und den Manipulationsversuch unterbinden.

❯ Wichtig

In unserem Buch „Schwierige Menschen am Arbeitsplatz – Handlungsstrategien für den Umgang mit herausfordernden Persönlichkeiten am Arbeitsplatz" (Schüler-Lubienetzki und Lubienetzki 2015) haben wir uns ausführlich mit dem Streben nach Macht und Manipulation befasst. In ▶ Abschn. 3.3 des Buches ist der „toxische Prozess" beschrieben, der im Kern auf die Manipulation anderer Menschen abzielt. Zielsetzung der Manipulation in diesem Zusammenhang ist es, egoistische und vom Unternehmen abweichende persönliche Motive (z. B. Geld, Status, Lust) ohne Rücksicht auf den daraus resultierenden Schaden zu verwirklichen.

▪ Unsachliche Kritik

Eine weitere besondere Form des Widerstandes ist die unsachliche oder destruktive Kritik. Hierzu zählen wir auch die sogenannten *Killerphrasen*. Unsachliche Kritik zielt, wie der Name bereits sagt, nicht auf den Sachinhalt des Gespräches, sondern auf etwas anderes; sie richtet sich meistens gegen die Gesprächspartnerin oder den Gesprächspartner. Es handelt sich dabei eindeutig um eine Form des Widerstandes, da diese Form von Kritik immer vom eigentlichen Ziel des Gespräches wegführt und damit die Zielerreichung be- oder sogar verhindert. Die negative Wirkung ist in der Regel hoch, da diese Form von Kritik sehr bewusst darauf angelegt ist, die Gesprächspartnerin/den Gesprächspartner zu verunsichern und von dem eigentlichen Thema bzw. Ziel des Gespräches abzulenken.

Die Gesprächspartnerin bzw. den Gesprächspartner mit ihrer/seiner unsachlichen Kritik zu konfrontieren, ist daher meistens die einzige zielführende Handlungsmöglichkeit. Natürlich könnte sich hinter der unsachlichen Kritik auch ein akzeptables Anliegen verbergen. Da dieses jedoch meist nicht offensichtlich ist, könnte sich aus einer anfänglichen Konfrontation der Bedarf zur Integration ergeben.

4.4 Feedback und Konfrontation – eine andere Person erfährt von uns etwas über sich

Im Gespräch kann sich unsere Gesprächspartnerin/unser Gesprächspartner wünschen, etwas von uns über sich und ihr/sein Verhalten zu erfahren. Auch können wir bei entsprechendem Anlass (z. B. bei Widerstand) ungefragt etwas über sie oder ihn und ihr/sein Verhalten aussagen. Im Allgemeinen sprechen wir in diesen Fällen davon, jemand anderem **Feedback** zu geben.

Definition

Feedback ist nach DUDEN online eine „Reaktion, die jemandem anzeigt, dass ein bestimmtes Verhalten, eine Äußerung o. Ä. vom Kommunikationspartner verstanden wird [und zu einer bestimmten Verhaltensweise oder -änderung geführt hat]; Rückkoppelung, Rückmeldung" (Bibliographisches Institut GmbH 2016a)

Feedback kann sich auf den Sachinhalt des Gespräches, das Verhalten unserer Gesprächspartnerin/unseres Gesprächspartners sowie die Beziehung zwischen den Gesprächspartnern beziehen (vgl. Watzlawick et al. 1967/2011; Schulz von Thun 2013 sowie Gührs und Nowak 2014). Zudem kann es eine positive oder negative Würdigung oder Bewertung enthalten. Mit einer positiven Würdigung verfolgen wir das Ziel, zu bestätigen oder sogar zu bestärken bzw. zu verstärken. Bei der negativen Würdigung verspüren wir den Wunsch, dass das Feedback eine Veränderung bei der Gesprächspartnerin oder bei dem Gesprächspartner bewirkt; in diesem Fall sprechen wir von einer **Konfrontation** (vgl. Gührs und Nowak 2014).

Das Feedback als Nachricht an die Gesprächspartnerin/den Gesprächspartner besitzt nach Schulz von Thun (2013) **vier Seiten** (Sachinhalt, Beziehung, Selbstoffenbarung, Appell) und wird immer auch mit **vier Ohren** gehört.

▶ **Beispiel**

Wir bemerken, dass unsere Gesprächspartnerin/unser Gesprächspartner während des Gespräches mit dem Zeigefinger immer wieder auf den Tisch klopft. Wir glauben, dass sie oder er dieses Verhalten unbewusst zeigt und machen sie/ihn darauf aufmerksam: „Darf ich Dir eine Rückmeldung geben?" – „Ja, natürlich." – „Seit unser Gespräch begonnen hat, klopfst Du mit dem Zeigefinger auf den Tisch."

Eine Reaktion könnte sein: „Ja, stimmt. Das ist so eine Marotte von mir und hat nichts mit Dir zu tun." Eine andere Möglichkeit wäre: „Danke für den Hinweis, das habe ich noch gar nicht bemerkt!" Oder: „Unterhalten wir uns gerade oder suchst Du bei mir nach Fehlern?" ◀

Sie sehen: Jede der gezeigten Reaktionen wäre plausibel. Um als Feedback-Gebende(r) sicherzugehen, dass das Feedback richtig verstanden wird, sollten Sie zur Verdeutlichung ergänzende Informationen zur eigenen Intention geben. Die Zielsetzung besteht dabei darin, dass die Botschaften, die in der Nachricht enthalten sind, so verstanden werden, wie sie gemeint sind (vgl. Schulz von Thun 2013).

Im Gespräch hängt es von der Beziehung der Gesprächspartner und auch von der Gesprächssituation ab, inwieweit Feedback stimmig eingebracht werden kann. Idealerweise haben sich die Gesprächspartner vorab darauf verständigt, inwieweit gegenseitiges Feedback gewünscht ist (vgl. Schulz von Thun 2008 sowie Gührs und Nowak 2014).

Wenn wir ein problematisches Verhalten thematisieren, also ein Feedback mit negativer Würdigung geben, konfrontieren wir unsere Gesprächspartnerin/unseren

Gesprächspartner damit. Damit verfolgen wir die Zielsetzung, mit der Konfrontation eine positive Verhaltensänderung im Sinne des Gesprächszieles zu erreichen.

Konfrontation

> **Definition**
>
> **Konfrontation** ist nach DUDEN online die „Gegenüberstellung nicht übereinstimmender Personen, Meinungen, Sachverhalte" (Bibliographisches Institut GmbH 2016b).

4

Ist das Gesprächsziel aufgrund des Widerstands unserer Gesprächspartnerin/unseres Gesprächspartners gefährdet, haben wir häufig nur die Wahl zwischen der Konfrontation unserer Gesprächspartnerin/unseres Gesprächspartners mit seinem Verhalten oder dem Gesprächsabbruch. Der Gesprächsabbruch führt mit Sicherheit dazu, dass unser Gesprächsziel nicht erreicht wird. Daher sollten wir versuchen, durch eine zielführende Intervention, unsere Gesprächspartnerin/unseren Gesprächspartner davon zu überzeugen, dass sein Verhalten, den Gesprächsverlauf belastet.

Gührs und Nowak (2014, S. 223) sprechen in diesem Zusammenhang von der **„Kunst der Konfrontation"**. Sie meinen damit, dass Konfrontation immer etwas damit zu tun hat, einen anderen Menschen auf etwas Problematisches in ihrem Verhalten hinzuweisen. Hierdurch trägt Konfrontation immer auch etwas Konfliktbehaftetes in sich. In der Sprache der Transaktionsanalyse handelt es sich bei der Konfrontation um eine gekreuzte Transaktion, da diese in der Regel für die Gesprächspartnerin/den Gesprächspartner unerwartet ist. Darum löst sie beim ihm oder ihr mindestens eine Irritation, wenn nicht gar eine Aggression aus. Die Kunst besteht also darin, die Konfrontation dazu zu nutzen, unsere Gesprächspartnerin/ unseren Gesprächspartner dazu zu bewegen, ihre/seine Energie in die Veränderung des problematischen Verhaltens zu stecken (Gührs und Nowak 2014).

In Anlehnung an Gührs & Nowak sind drei Aspekte von Bedeutung, um das Ziel der Konfrontation im Gespräch zu erreichen (2014):

1. **Vorbereitung der Gesprächspartnerin/des Gesprächspartners auf die Konfrontation**
   Werden wir überraschend mit unserem problematischen Verhalten konfrontiert, beginnen wir reflexhaft, uns zu rechtfertigen und wehren uns gegen das Bild, das uns über uns vermittelt wird. Daher ist es sinnvoll, die Konfrontation einzuleiten – zum Beispiel durch einen entsprechenden Hinweis oder durch die Frage, ob die Gesprächspartnerin/der Gesprächspartner an einer Rückmeldung oder Feedback interessiert ist. Selbstverständlich kann es auch Gründe geben (beispielsweise bei einem massiven Manipulationsversuch), die Gesprächspartnerin/den Gesprächspartner überraschend zu konfrontieren.

2. **Wertschätzende persönliche Haltung**
   Konfrontation sollte sich immer auf eine klar benennbare Beobachtung beziehen und nicht auf einen Menschen insgesamt. Daher sollte die Botschaft, die aufgrund unserer entsprechenden persönlichen Haltung gesendet wird, so sein, dass wir den Menschen wertschätzen und nur das problematische Verhalten hier und jetzt kritisieren.

3. **Selbstüberprüfung**

Die konstruktivistische Sicht auf Kommunikation von Watzlawick et al. oder Schulz von Thun besagt, dass die empfangenen Botschaften zu einem großen Teil von uns selbst gemacht werden und in uns entstehen (Watzlawick et al. 1967/2011; Schulz von Thun 2013). Wir sollten uns unbedingt die Frage stellen, ob das von uns als problematisch wahrgenommene Verhalten tatsächlich das Gesprächsziel gefährdet oder ob wir aus früheren Erfahrungen etwas in das Verhalten unserer Gesprächspartnerin/unseres Gesprächspartners hineininterpretieren, das gar nicht da ist.

Konfrontation läuft, wie eingangs bereits angesprochen, auf drei Ebenen ab, wobei diese Ebenen auch im Sinne einer Eskalation zu verstehen sind. In Anlehnung an Watzlawick et al. (1967/2011); Schulz von Thun (2013) sowie Gührs und Nowak (2014) kann die Konfrontation auf der Ebene des Sachinhaltes, auf der Ebene des Verhaltens sowie auf der Ebene der Beziehung ansetzen:

1. **Sachinhalt**

Auf der Ebene des Sachinhaltes geht es darum, sachliche Aspekte richtigzustellen. Die Gesprächspartnerin oder der Gesprächspartner hat sich vielleicht nur versprochen oder einen Sachverhalt durcheinandergebracht. Auch wenn der Sachinhalt bewusst verdreht wurde oder bewusst im Unklaren geblieben ist, lohnt es sich, die Sachinhaltsebene zu konfrontieren. Erst wenn wir eine Systematik hinter den problematischen Aussagen vermuten, sollten wir auf der nächsten Ebene das Verhalten konfrontieren.

2. **Verhalten**

Fruchtet die Konfrontation auf der Sachinhaltsebene wiederholt nicht oder erkennen wir ein problematisches Muster im Verhalten (z. B. mehrfache manipulative Ansätze), können wir unser Gegenüber mit dem entsprechenden Verhalten konfrontieren. Solange der Widerstand nicht in der Person der Gesprächspartnerin/des Gesprächspartners begründet ist, reicht diese Ebene der Konfrontation aus. Hört das problematische Verhalten nicht auf oder ändert sich zwar das Verhalten, aber das problematische Grundmuster bleibt bestehen, könnte die Beziehungsebene betroffen sein.

3. **Beziehung**

Die Konfrontation auf der Beziehungsebene ist die höchste Eskalationsstufe der Konfrontation. Damit soll das Muster, das hinter den problematischen Aussagen und dem problematischen Verhalten steckt, aufgedeckt werden. Die Gesprächspartnerin oder den Gesprächspartner auf dieser persönlichen Ebene zu konfrontieren, sollte daher tatsächlich die letzte Stufe der Konfrontation sein. Vorher sollte unbedingt sorgfältig überprüft werden, ob die eigene Wahrnehmung (z. B. aufgrund eines „blinden Flecks") unvollständig sein könnte.

> **Wichtig**

Nach unserer Erfahrung neigen Menschen in beruflichen Kontexten häufig dazu, die Beziehungsebene sehr frühzeitig als problematisch anzusehen und entsprechend frühzeitig zu konfrontieren („Der Kollege/die Kollegin XYZ kann mich nicht ausstehen und legt mir, wo es geht, Steine in den Weg."). Dieses Verhalten zeigt sich häufig

4

dann, wenn Widerstand als persönlicher Angriff oder persönlicher Affront gewertet wird. Bitte bedenken Sie, dass es viele Gründe für Widerstand in beruflichen Zusammenhängen gibt (beispielsweise ist ein häufiger Grund die persönliche Überforderung eines Menschen mit einer Aufgabe) und nur in wenigen Fällen zielt der Widerstand in erster Linie auf die Person oder die Beziehung.

> ▶ **Fallbeispiel**

Ralf Schmidt erlebt zufällig, wie Herr Meier einen Auszubildenden für ein Fehlverhalten maßregelt. Herr Meier steht mit erhobenem Zeigefinger und rotem, wutverzerrten Gesicht vor dem Auszubildenden. Seine Stimme ist deutlich erhoben und Ralf Schmidt hört Folgendes: „Was bilden Sie sich eigentlich ein? Lehrjahre sind doch keine Herrenjahre. Wenn ich von Ihnen verlange, dass Sie mir einen Kaffee holen, dann tun Sie das gefälligst und diskutieren nicht mit mir darüber, was nach Ihrer Meinung Ihre Aufgaben sind und was nicht. So, und jetzt gehen Sie mir aus den Augen!" Der Auszubildende macht kehrt und geht. Herr Meier schaut ihm kopfschüttelnd hinterher.

Ralf Schmidt ist von dem Vorfall sehr betroffen. Legt er doch Wert darauf, dass jede Mitarbeiterin und jeder Mitarbeiter seines Unternehmens mit der gleichen Wertschätzung behandelt wird. Er hat schon mehrmals gehört und auch selbst erlebt, dass Herr Meier in dieser Art und Weise mit den Auszubildenden umgeht. So beschließt er, Herrn Meier mit seinem Verhalten zu konfrontieren. Er überlegt, wie er dies tun könnte. ◀

Überlegen wir einmal gemeinsam. Anschließend übertragen wir die Möglichkeiten auf das vorangehende Fallbeispiel.

Eine Möglichkeit, einen Menschen zu konfrontieren, haben wir bereits kennengelernt. Der **Prozess der gewaltfreien Kommunikation** nach Rosenberg (2005) ist dazu geeignet, eine Person auf sehr wertschätzende Art und Weise zu konfrontieren. Die vier Schritte der gewaltfreien Kommunikation sind:

1. Beobachtungen (keine Bewertungen!)
2. Eigene Gefühle bei der Beobachtung
3. Eigene Bedürfnisse hinter den Gefühlen
4. Meine Bitte an die Gesprächspartnerin/den Gesprächspartner

> ▶ **Fallbeispiel**

„Herr Meier, ich habe vorhin Ihr Gespräch mit dem Auszubildenden erlebt und möchte Ihnen dazu gerne Feedback geben. Ich habe Ihre laute Stimme gehört, Ihr Gesicht war gerötet. Sie sagten unter anderem zu dem Auszubildenden, dass Lehrjahre keine Herrenjahre seien und dass er nicht mit Ihnen darüber diskutieren solle, ob das Kaffeeholen seine Aufgabe sei oder nicht. Als ich das gehört habe, war ich enttäuscht und alarmiert. Dahinter liegt mein Bedürfnis, dass in unserem Unternehmen allen Mitarbeiterinnen und Mitarbeitern eine wertschätzende Haltung entgegengebracht wird. Diese habe ich in Ihrem Verhalten nicht wahrgenommen. Daher bitte ich Sie, Ihre Haltung zu überdenken und sich in Zukunft den Auszubildenden gegenüber wertschätzend zu verhalten." ◀

Gührs und Nowak schlagen zum Ansprechen von Problemen die „**3-W-Strategie**" vor (Gührs und Nowak 2014, S. 237 ff.):
1. Meine **W**ahrnehmung
2. Die **W**irkung auf mich bzw. auf das Gespräch
3. Mein **W**unsch

> ► **Fallbeispiel**

„Herr Meier, Sie haben vorhin sehr lautstark mit einem Auszubildenden gesprochen. Dabei haben Sie unter anderem gesagt, dass Lehrjahre keine Herrenjahre seien und dass er nicht mit Ihnen darüber diskutieren solle, ob das Kaffeeholen seine Aufgabe sei oder nicht. Das, was Sie gesagt haben, und Ihr Verhalten wirken auf mich abwertend dem Auszubildenden gegenüber. Daher wünsche ich mir, dass Sie in Zukunft den Auszubildenden eine wertschätzende Haltung entgegenbringen." ◄

Als weitere Variante, die wahrscheinlich den konfrontativsten Charakter besitzt, schlagen Gührs und Nowak die „**3-F-Strategie**" vor (Gührs und Nowak 2014, S. 240):
1. Benennen der **F**akten
2. **F**olgen der benannten Fakten
3. **F**orderung an die Gesprächspartnerin/den Gesprächspartner

> ► **Fallbeispiel**

„Herr Meier, zum wiederholten Male habe ich erlebt, wie Sie lautstark und mit rotem Gesicht mit einem Auszubildenden geredet haben. Dabei fielen Sätze wie ‚Lehrjahre sind keine Herrenjahre' und ‚Ich wünsche keine Diskussion darüber, ob das Kaffeeholen zu Ihren Aufgaben gehört oder nicht.' Eine solche abwertende Haltung und Ihr damit verbundenes Verhalten ist für mich nicht akzeptabel. Daher fordere ich Sie auf, Ihr Verhalten den Auszubildenden gegenüber auf Wertschätzung zu gründen und diese zukünftig entsprechend zu behandeln." ◄

❓ Reflexionsaufgabe: Anwendung von gewaltfreier Konfrontation, 3-W- und 3-F-Strategie
Sie hatten sich in einer vorgehenden Reflexionsaufgabe bereits eigene Situationen, in denen Sie in den Widerstand gegangen sind, näher angeschaut. In welcher der Situationen war ein wichtiges Ziel für Ihr Gegenüber nicht erreichbar? Wie hätten Sie sich selbst in dieser Situation mit Ihrem Widerstandsverhalten konfrontiert? Formulieren Sie bitte entlang der vier Schritte der gewaltfreien Konfrontation sowie nach der 3-W- und 3-F-Strategie.

4

Zusammenfassung in Schlagworten

— In der Regel sind alle Gesprächsteilnehmer und Gesprächsteilnehmerinnen daran interessiert, dass das Gespräch erfolgreich verläuft. Aus unterschiedlichen Gründen heraus kann unsere Gesprächspartnerin/unser Gesprächspartner das Bedürfnis haben, diesem Ziel entgegen zu wirken. Da sie oder er sich damit unserem eigentlichen Ziel in den Weg stellt, leistet sie oder er **Widerstand**.

  – Widerstand ist **wertfrei** zu verstehen, da er nur anzeigt, dass unsere Gesprächspartnerin oder unser Gesprächspartner etwas verändern möchte.

— Entscheidend ist das **Motiv**, das hinter dem Widerstand steht, welches nicht immer offensichtlich sein oder in der akuten Situation begründet liegen muss.

— Abhängig von der **negativen Wirkung** des Widerstands auf unsere persönliche Zielerreichung und unserem **Verständnis** für das Motiv des Widerstands leitet sich unsere **Interventionsstrategie** ab. So können wir Widerstand …

  – … ignorieren, weil dieser keinen Einfluss auf unsere Zielerreichung nimmt.

  – … tolerieren, indem wir verständnisvoll reagieren, ohne dem Motiv viel Raum zu geben.

  – … konfrontieren, indem wir unser Gegenüber darauf ansprechen, mit der Erwartung, dass er oder sie sein Verhalten verändert, da wir kein Verständnis für das Motiv haben.

  – … integrieren, da wir Verständnis für das Motiv haben.

— Manipulatives Verhalten und unsachliche Kritik stellen beide Formen des Widerstands mit destruktivem Ziel da.

  – **Manipulatives Verhalten** dient der Verwirklichung eines vom eigentlichen Gesprächsziel abweichenden Ziels.

  – Manipulation muss nicht zwangsläufig inakzeptabel sein; wenn die negative Wirkung gering ist, können wir sie ignorieren. Nimmt sie entscheidend Einfluss auf den Gesprächsverlauf, sollten wir unser Gegenüber damit konfrontieren.

  – **Unsachliche Kritik** betrifft nicht den Sachinhalt des Gesprächs, sondern die Gesprächspartnerin oder den Gesprächspartner, und führt damit vom eigentlichen Gesprächsziel weg.

  – Konfrontation ist bei unsachlicher Kritik meist die einzige zielführende Handlungsmöglichkeit.

— **Feedback** stellt grundsätzlich eine Möglichkeit dar, unserer Gesprächspartnerin/unserem Gesprächspartner eine Rückmeldung zu ihrem/seinem Verhalten zu geben.

  – Feedback kann sich auf den Sachinhalt einer Nachricht oder die Beziehungsebene der Kommunizierenden beziehen oder eine positive oder negative Wertung enthalten.

— Bezieht sich dieses Feedback auf eine problematische Verhaltensweise, wie im Fall von Widerstand, und ist mit der Erwartung von einer entsprechenden Verhaltensveränderung verknüpft, spricht man von einer **Konfrontation**.

  – Es gibt verschiedene Vorgehensweisen oder Strategien, die abhängig von Situation und Beziehung bei einer Konfrontation berücksichtigt werden sollten.

- Eine Konfrontation kann unbeabsichtigt zu einem Konflikt führen, wenn nicht umsichtig vorgegangen wird. Dazu sollten drei Aspekte bei einer Konfrontation berücksichtigt werden:

    (1) *Vorbereitung* des Gesprächspartnerin/des Gesprächspartners auf die Konfrontation durch einen Hinweis oder die Frage, ob das Gegenüber an Feedback interessiert ist

    (2) Einnahme einer *wertschätzenden* Haltung durch klaren Bezug auf das problematische beobachtbare Verhalten

    (3) *Selbstüberprüfung*, indem wir hinterfragen, ob das von uns als problematisch wahrgenommene Verhalten tatsächlich das Gesprächsziel beeinflusst

- Konfrontation kann auf drei *Ebenen* bzw. Eskalationsstufen ansetzen, wobei diese Ebenen nacheinander mit Bedacht thematisiert werden sollten: die Sachebene, die Verhaltensebene und die Beziehungsebene

- Der *Prozess der gewaltfreien Kommunikation* nach Rosenberg (2005) bietet ebenfalls eine Möglichkeit zur wertschätzenden Konfrontation.

- Alternativ kann man sich an der *3-W-Strategie* oder der *3-F-Strategie* nach Gührs und Nowak orientieren.

Literatur

Berne, E. (1984). *Spiele der Erwachsenen*. Reinbek: Rowohlt.

Bibliographisches Institut GmbH. (2016a). *DUDEN online – Feedback*. http://www.duden.de/rechtschreibung/Feedback#Bedeutung2. Zugegriffen am 20.02.2020.

Bibliographisches Institut GmbH. (2016b). *DUDEN online – Konfrontation*. http://www.duden.de/rechtschreibung/Konfrontation#Bedeutung1. Zugegriffen am 20.02.2020.

Bibliographisches Institut GmbH. (2016c). *DUDEN online – Widerstand*. http://www.duden.de/rechtschreibung/Widerstand#Bedeutung1. Zugegriffen am 20.02.2020.

Esch, F.-R., Henning, A., & Schneider, W. (2016). *Manipulation*. In Springer Gabler Verlag (Hrsg.), Gabler Wirtschaftslexikon. http://wirtschaftslexikon.gabler.de/Archiv/56432/manipulationv4.html. Zugegriffen am 20.02.2020.

Gührs, M., & Nowak, C. (2014). *Das konstruktive Gespräch. Ein Leitfaden für Beratung, Unterricht und Mitarbeiterführung mit Konzepten der Transaktionsanalyse* (7. Aufl.). Meezen: Christa Limmer.

Lubienetzki, U., & Schüler-Lubienetzki, H. (2016). *Lass uns miteinander sprechen. Gesprächsführung. Studienbrief der Hochschule Fresenius online plus GmbH*. Idstein: Hochschule Fresenius online plus GmbH.

Lubienetzki, U., & Schüler-Lubienetzki, H. (2020). *Was wir uns wie sagen und zeigen. Psychologie der menschlichen Kommunikation*. Heidelberg: Springer.

Schüler-Lubienetzki, H., & Lubienetzki, U. (2015). *Schwierige Menschen am Arbeitsplatz – Handlungsstrategien für den Umgang mit herausfordernden Persönlichkeiten*. Heidelberg/Berlin: Springer.

Schulz von Thun, F. (2008). *Miteinander Reden 3 – Das „innere Team" und situationsgerechte Kommunikation* (17. Aufl.). Reinbek: Rowohlt.

Schulz von Thun, F. (2013). *Miteinander Reden 1 – Störungen und Klärungen (50. Aufl.)*. Reinbek: Rowohlt.

Watzlawick, P., Beavin, J. H., & Jackson, D. D. (1967/2011). *Menschliche Kommunikation – Formen, Störungen, Paradoxien* (12. Aufl.). 2011; Originalausgabe: Pragmatics of Human Communication. New York: Norton, 1967. Bern: Huber.

Weber, M. (1976). *Wirtschaft und Gesellschaft: Grundriss der verstehenden Soziologie* (5. Aufl.). Tübingen: Mohr.

Wirtz, M. (2020). *Intervention. DORSCH – Lexikon der Psychologie*. Bern: Hogrefe. https://portal.hogrefe.com/dorsch/intervention/. Zugegriffen am 21.07.2020.

Gesamtzusammenfassung in Schlagworten

Die Ausführungen in diesem Kapitel basieren auf folgendem Studienbrief: Lubienetzki, U. & Schüler-Lubienetzki, H. (2016). LASS UNS MITEINANDER SPRECHEN. GESPRÄCHS-FÜHRUNG. Studienbrief der Hochschule Fresenius online plus GmbH. Idstein: Hochschule Fresenius online plus GmbH.

5

- Das **Gespräch** gilt als wichtigste Form der menschlichen Kommunikation zwischen zwei oder mehr Menschen.
- Kommunikation im Gespräch basiert auf **verbalen** und **nonverbalen** Äußerungen bzw. dem **Gesprochenen** und dem **Verhalten** der Gesprächspartner.
- Die Beteiligten nehmen einander mit allen Sinnen wahr und übersetzen das Wahrgenommene in verschiedenen Botschaften.
  - Die **wahrgenommenen Botschaften**, und damit auch die Erfolgsaussichten des Gespräches, sind also maßgeblich abhängig vom Verhalten des Gegenübers und der persönlichen Haltung.
- Die **persönliche Haltung**, oder auch Einstellung, einer Person kann auf unterschiedliche Weise betrachtet und beeinflusst werden.
  - Abhängig davon, wie die persönlichen Haltungen der Gesprächsbeteiligten ausgeprägt sind und miteinander harmonieren, sind die Erfolgsaussichten des Gesprächs höher oder niedriger.
  - Die persönliche Haltung einer Person wird unter anderem dadurch geprägt, ...
    - ... ob ihr **Verständnis** der **Beziehung** zum jeweiligen Gesprächspartner auf *Symmetrie* (also Gleichheit) oder *Komplementarität* (also Ungleichheit) basiert.
    - ... welche **Lebensanschauung** die Person hinsichtlich der Akzeptanz und Wertschätzung sich selbst und anderen gegenüber hat.
    - ... wie die **Persönlichkeit** einer Person ausgebildet ist, und ob diese im Hinblick auf Kommunikation mit dem Gegenüber harmoniert.
      Die Persönlichkeit eines Menschen lässt sich beispielsweise nach dem *Riemann-Thomann-Modell* einordnen, wonach jede Person mit ihren jeweiligen Bedürfnissen in einem Koordinatensystem mit den Achsen Raum (und den Polen Nähe und Distanz) sowie Zeit (mit den Polen Dauer und Wechsel) zu verorten ist.
  - Die persönliche Haltung einer Person spiegelt sich in ihrer **verbalen** und **nonverbalen** Kommunikation.
    - Ist die persönliche Haltung einer Person inkonsistent, wirkt sich dies negativ auf die Erfolgsaussichten eines Gesprächs aus, während eine gesprächsförderlich ausgeprägte persönliche Haltung die Erfolgsaussichten einer Unterhaltung steigert.
    - Die persönliche Haltung einer Person bildet sich unter anderem in kongruenter bzw. inkongruenter Kommunikation ab. Wenn die **digitale** und die **analoge Modalität**, also der Sachinhalt des Gesagten und das gezeigte Verhalten einer Person, nicht miteinander vereinbar sind, ist die Kommunikation **inkongruent**. Das Gegenüber muss unter diesen Umständen entscheiden, wie es die wahrgenommenen Signale interpretiert und auf welche wahrgenommene Botschaft es reagiert. Die Wahrscheinlichkeit für eine **Kommunikationsstörung** ist damit sehr hoch.
- Neben der persönlichen Haltung spielen weitere Faktoren in eine erfolgreiche **Gesprächsführung** hinein. Dazu zählen unter anderem eine angemessene Vorbereitung auf das Gespräch sowie gesprächsfördernde Vorgehensweisen während der Unterhaltung.

- Um sich **strukturiert** auf eine Gesprächssituation **vorzubereiten**, bietet es sich an, vor oder zu Beginn des Gesprächs kurz die folgenden vier Punkte zu analysieren:
  - (1) Die Vorgeschichte des Gesprächs
  - (2) Die voraussichtliche thematische Struktur
  - (3) Die zwischenmenschliche Struktur
  - (4) Die Zielsetzung des Gesprächs.
- Während des Gesprächs ist es sinnvoll, die **Wirkprinzipien wertebasierter Gesprächsführung** zu beachten, was bedeutet …
  - (1) Mit dem Gesprächspartner den Kontakt herzustellen
  - (2) Klarheit über die eigene persönliche Haltung zu erreichen
  - (3) Die persönliche Haltung in Einklang mit dem Gesprächsinhalt und -ziel zu bringen
  - (4) Sich authentisch („echt") zu verhalten
  - (5) Aktiv zuzuhören (und den/die Gesprächspartner(in) wirklich ganz zu verstehen)
  - (6) Das Gespräch im gegenseitigen Einklang (mit Rückkopplung) zu führen.
- In jedem Gespräch empfiehlt es sich, **situationsgerecht** zu kommunizieren. Dazu sollten die persönliche Haltung und die Gesprächssituation stimmig sein.
  - Falls einem bewusst wird, dass die persönliche Haltung nicht eindeutig ist, bietet die Aufstellung des **Inneren Teams** nach Schulz von Thun eine Möglichkeit, sich mit den einzelnen Aspekten näher auseinanderzusetzen, die die eigene Haltung in einer bestimmten Situation prägen.
- Grundsätzlich und in allen Gesprächen sollten wir unseren Gesprächspartner(inne)n **aktiv zuhören**. Zuträglich ist es, Fragen zu stellen und die Hintergründe dazu transparent zu kommunizieren, sowie das Gesagte vom Gegenüber zu paraphrasieren, um sicherzugehen, dass man ihn richtig verstanden hat.
- Während des Gesprächs kann der gezielte Einsatz von bestimmten **Fragetechniken** sinnvoll sein. Eine beispielhafte Auswahl an Frageformen sind die Informationsfrage, die Alternativ-/Entscheidungsfrage, die Gegen-/Rückfrage, die motivierende Frage, die Schock-/Angriffs-/Provokationsfrage, die lösungsorientierte Frage oder auch Fragen mit manipulativer Absicht, wie Suggestivfragen, rhetorische oder indirekte Fragen.
- Auch am **Konzept der gewaltfreien Kommunikation** kann man sich während eines Gespräches orientieren, um mit dem Gegenüber einfühlsam umzugehen und so das Gespräch zu fördern. Dazu sollte man …
  - (1) Das Gegenüber beobachten und bewertungsfrei wahrnehmen
  - (2) Die eigenen Gefühle erforschen und aussprechen
  - (3) Die eigenen Bedürfnisse hinter den Gefühlen offenbaren
  - (4) Eine positive Bitte formulieren, deren Erfüllung die Lebensqualität der Gesprächspartner erhöht.
- Wenn uns etwas in unserer Kommunikation davon abhält, unser Ziel zu erreichen, handelt es sich dabei meist um **Widerstand** bei unserem Gesprächspartner

5

oder unserer Gesprächspartnerin. Widerstand kann in verschiedenen Formen auftreten und unterschiedlich bewertet werden.

- Entscheidend für die Interventionsstrategie bei Widerstand sind …
  - … zum einen die **Motive** unseres Gegenübers für seinen Widerstand, wobei diese nicht immer für uns ersichtlich oder in der konkreten Situation bzw. den Gesprächsteilnehmenden begründet sind.
  - … zum anderen die negative **Wirkung** des Widerstands auf unsere persönliche Zielerreichung im Gespräch.
- Somit ergeben sich vier grundlegende **Interventionsstrategien**:
  - Den Widerstand **ignorieren**, da er kaum oder keine negative Wirkung auf unsere Zielerreichung hat und irrelevant für die Konversation ist.
  - Den Widerstand **tolerieren**, indem wir unserem Gegenüber unser aufrichtiges Verständnis signalisieren, ohne dem Motiv des Widerstands zu viel Raum zu geben.
  - Unser Gegenüber mit seinem Widerstand **konfrontieren**, da er eine negative Wirkung auf unsere Zielerreichung hat, wir kein Verständnis für diesen haben und erwarten, dass unser Gegenüber sein Verhalten ändert.
  - Den Widerstand **integrieren**, da wir Verständnis für das Motiv unseres Gegenübers haben.
- Bei besonderen **Formen des Widerstands** wie manipulativem Verhalten oder unsachlicher Kritik reduziert sich die Zahl effektiver Interventionsstrategien.
  - **Manipulativem Verhalten**, welches andere, vom eigentlichen Gesprächsziel abweichende Ziele verfolgt, kann entweder mit Ignoranz oder mit Konfrontation begegnet werden, abhängig davon, wie groß die negative Wirkung des Widerstands ist.
  - **Unsachliche Kritik** betrifft nicht den Sachinhalt des Gesprächs, sondern die Gesprächspartnerin bzw. den Gesprächspartner und führt vom eigentlichen Gesprächsziel weg. Ihr ist meist am besten mit direkter Konfrontation beizukommen.
- Konfrontation ist eine Form von **Feedback**. Feedback im Allgemeinen kann eine positive oder negative Wertung enthalten, wobei die Reaktion des Feedback-Erhaltenden davon abhängig ist, ob das Feedback mit der Situation und der Beziehung der Gesprächsbeteiligten vereinbar ist.
  - Konfrontation ist Feedback in Form einer negativen Würdigung, gekoppelt an die Erwartung von Verhaltensänderung.
  - Es kann geradezu von der „Kunst der Konfrontation" gesprochen werden, wenn diese ihr Ziel erreicht, da diese Form des Feedbacks häufig **konfliktbehaftet** ist. Das Ziel der Konfrontation besteht darin, dass der Feedback-Empfangende seine Energie auf die Verhaltensänderung, nicht auf Gegenmaßnahmen, wie Rechtfertigungen, trotzige oder beleidigte Reaktionen, verwendet.
- Für eine **zielführende Konfrontation** empfiehlt es sich, drei Aspekte im Vorhinein zu berücksichtigen:
  - (1) Den Gesprächspartner oder die Gesprächspartnerin auf die Konfrontation **vorzubereiten**, beispielsweise durch einen Hinweis oder die Frage, ob das Gegenüber an Feedback interessiert ist.

(2) Eine **wertschätzende** persönliche Haltung einnehmen, und das negative Feedback stets auf klar benennbare Beobachtungen im Hier und Jetzt, nicht auf den Menschen insgesamt, zu beziehen.

(3) Sich selbst **überprüfen**, indem man hinterfragt, ob das als problematisch wahrgenommene Verhalten tatsächlich das Gesprächsziel beeinflusst.

— Konfrontation kann auf drei **Ebenen** ansetzen, welche nacheinander geprüft werden sollten: die Sachinhaltsebene, die Verhaltensebene und die Beziehungsebene.

— Weitere Orientierungshilfen für eine gelingende Konfrontation bieten die folgenden Ansätze:

   — Der bereits bekannte **Prozess der gewaltfreien Kommunikation**

   — Feedback geben mittels der **3-W-Strategie**, in dem die folgenden Punkte kommuniziert werden:

     (1) Meine Wahrnehmung

     (2) Die Wirkung auf mich bzw. das Gespräch

     (3) Mein Wunsch

   — Alternativ die **3-F-Strategie**:

     (1) Fakten benennen

     (2) Folgen der benannten Fakten anführen

     (3) Forderung an die Gesprächspartnerin/den Gesprächspartner stellen

Serviceteil

Glossar

Aktualisierungstendenz Die Aktualisierungstendenz des Menschen beschreibt das Streben nach „Differenzierung seiner Selbst und seiner Funktionen, er beinhaltet Erweiterung im Sinne von Wachstum, die Steigerung der Effektivität durch den Gebrauch von Werkzeugen und die Ausweitung und Verbesserung durch Reproduktion" (Rogers, 2009, S. 26).

Einstellung (synonym zu persönliche Haltung) „Eine Einstellung ist eine mit Emotionen angereicherte Vorstellung, die eine Klasse von Handlungen für eine bestimmte Klasse sozialer Situationen besonders prädisponiert." (Triandis, 1975, S. 4)

Feedback Feedback ist nach DUDEN online eine „Reaktion, die jemandem anzeigt, dass ein bestimmtes Verhalten, eine Äußerung o. Ä. vom Kommunikationspartner verstanden wird [und zu einer bestimmten Verhaltensweise oder -änderung geführt hat]; Rückkoppelung, Rückmeldung" (Bibliographisches Institut GmbH, 2016a).

Geschlossene Frage Geschlossene Fragen geben die Antwortmöglichkeiten (z. B. „ja" oder „nein") vor. Auch Fragen, die Alternativen vorgeben, zählen hierzu (vgl. Friedrichs & Schwinges, 2015; Gührs & Nowak, 2014).

Intervention Eine Intervention ist eine zielgerichtete Maßnahme, mit der (bei unserer Gesprächspartnerin/unserem Gesprächspartner) eine gewünschte Reaktion erreicht werden soll (vgl. Wirtz, 2020).

Konfrontation Konfrontation ist die „Gegenüberstellung nicht übereinstimmender Personen, Meinungen, Sachverhalte" (Bibliographisches Institut GmbH, 2016b).

Macht „Macht bedeutet jede Chance, innerhalb einer sozialen Beziehung den eigenen Willen auch gegen Widerstreben durchzusetzen." (Weber, 1976)

Manipulation Manipulation in weitem Sinne ist nach Esch, Henning und Schneider (2016) eine „Form der Beeinflussung, bei der (1) der Beeinflussende andere Personen zu seinem eigenen Vorteil beeinflusst, (2) Einflussmethoden wählt, die für die anderen nicht durchschaubar sind und (3) den anderen das subjektive Gefühl gibt [sic!], sich frei entscheiden zu können."

Offene Frage Offen ist eine Frage dann, wenn in ihr keine einengenden Vorgaben (z. B. Antwortmöglichkeiten) enthalten sind (vgl. Friedrichs & Schwinges, 2015; Gührs & Nowak, 2014).

Persönlichkeit Persönlichkeit ist nach Asendorpf (2016) „die Gesamtheit aller überdauernden individuellen Besonderheiten im Erleben und Verhalten eines Menschen (der P.eigenschaften, syn. P.merkmale [engl. traits])."

Übertragung Übertragung ist nach Teuber (2016) „ein zentraler Begriff der psychoanalytischen Theorie und Praxis.

In der Ü. werden intensive unbewusste Gefühle, Wünsche, Sinnesempfindungen oder Verhaltensmuster aus wichtigen vergangenen Beziehungen [...] in gegenwärtigen Beziehungen aktualisiert [...]."

Widerstand Widerstand ist alles, was uns in der Kommunikation mit anderen Menschen daran hindert, unsere Ziele zu erreichen.

Stichwortverzeichnis

FLEXIBEL, DIGITAL, ZUKUNFTSORIENTIERT

Seit 1848 bietet die Hochschule Fresenius ihren Studierenden ein umfangreiches Angebot an praxisnahen Studiengängen und modernen Fachbereichen. Die Hochschule zeichnet sich nicht nur durch zeitgemäße Präsenzlehre aus, sondern auch als Mixed Mode University mit unterschiedlichen Formaten, die sich den zeitlichen Ansprüchen der Studierenden anpassen und dabei ortsunabhängig absolviert werden. Beruf und Studium werden auf diese Weise flexibel verbunden und durch staatlich anerkannte Abschlüsse abgerundet. Der digitale Campus ist das Herzstück des Studiums. Hier wird die Lehre unter anderem durch (Live-) Webinare, Videos und Infografiken vermittelt. Dabei kommt der Austausch mit Kommilitonen und Dozierenden selbstverständlich nicht zu kurz. Unterstützung gibt es zusätzlich durch moderne studymags, die die Inhalte anreichern und nahbar machen. Die studymags dienen als Grundlage für diese Lehrbuchreihe.

HS-FRESENIUS.DE/FERNSTUDIUM

Printed in the United States
By Bookmasters

Printed in the United States
By Bookmasters